샐러리시

직장인 영어회화 초고속 실력향상 프로젝트

입문

직장인 영어회화 초고속 실력향상 프로젝트

샐러리시 입문

초판 1쇄 인쇄 : 2012년 7월 2일
초판 1쇄 발행 : 2012년 7월 9일

지은이 | 이지윤
발행인 | 김용부
발행처 | 글로벌문화원
주소 | 서울시 종로구 관철동 11-19 글로벌빌딩
전화 | 02)725-8282
팩스 | 02)753-6969
홈페이지 | http://www.globalbooks.co.kr
등록번호 | 제2-407
등록일자 | 1987년 12월 15일

기획총괄 | 이경헌
편집 | 임창우
디자인 | design86
일러스트 | 유혜승

ISBN 978-89-8233-200-5   13730

직장인 영어회화 초고속 실력향상 프로젝트

샐러리시
SALALISH

입문

글로벌문화원

〈샐러리시〉라는 시리즈명은 '샐러리맨(Salaried man)'과 '잉글리시(English)'를 결합한 합성어로서 직장인을 위한 영어 회화 학습서라는 본서의 기획 의도를 반영하고자 붙인 이름입니다. 〈샐러리시 입문〉편은 바쁜 직장 생활에서 영어 학습에 따로 시간을 내기 어려운 직장인들을 위해 총 8주 과정으로, 주중 하루 한 과씩 총 40강을 단기간에 완주할 수 있도록 구성한 교재입니다.

〈샐러리시 입문〉 과정은 말 그대로 직장에 소속된 영어 입문자들의 필수 영어 학습서라고 할 수 있습니다. 영어 공부를 한 지가 너무 오래되었거나 기초가 부족하여 기존 책들이 어렵게 느껴지시는 분, 영어 공부는 꾸준히 해왔지만 정작 회화에서는 간단한 표현도 쉽게 말하지 못하는 분들에게 단기간에 영어 회화의 기초 실력을 갖출 수 있도록 기획되었습니다.

입문 학습자를 대상으로 하기에 필수 회화 문법 항목 40개를 기반으로 각 단원을 구성하였습니다. 실생활에서 흔히 사용되는 상황별, 패턴별 대화문을 중심으로 문법 연계 표현을 반복적으로 학습함으로써 자연스럽게 영어 회화의 기초를 쌓아 나갈 수 있습니다. 핵심적인 회화 문법에 대한 설명 외에, 상대방과 맞장구를 치며 자연스럽게 대화할 때 필요한 관용적인 표현들도 'More to Know' 코너를 통해 소개합니다. 또한 입문 학습자들이 어려워하는 영어 발음이나 특정 단어의 의미들을 풀어 주는 'Language Tip' 코너를 통해 영어의 뉘앙스와 숨은 의미를 익히며 보다 원활한 의사소통을 할 수 있는 팁을 제시합니다.

더불어, 먼저 학습한 내용을 토대로 듣기, 말하기, 읽기, 쓰기 능력의 향상을 목표로 한 연습 문제들을 각 단원별로 수록하였습니다. 실력 체크 및 복습 과정을 거침으로써 탄탄한 기초 실력을 다져 나갈 수 있도록 구성했습니다.

〈샐러리시 입문〉의 회화 표현과 응용 학습 문제들은 최대한 분명하고 간결하게 구성, 복잡한 대화를 능숙하게 말하기에 앞서 단순하거나 간략한 표현이라도 정확하게 이해하고 의사를 전달하는 능력을 갖출 수 있도록 하는 데 목표를 두었기에 어느 연령대의 학습자라도 충분히 쉽고 부담 없이 익혀 나갈 수 있습니다.

마음의 젊음을 유지하는 비결은 두뇌 운동이라고 합니다. 바쁘고 쫓기는 일상 속에서 〈샐러리시〉를 통해 여유 있는 영어 회화 학습 과정을 경험해 보고 보람 있는 결실을 얻기를 기대합니다.

All the best!

2012년 6월
이지윤 드림

● 〈샐러리시 입문〉은 총 8주 과정으로서, 일주일에 5과씩, 총 40과를 두 달 내에 완료하도록 구성되어 있습니다. 많은 시간을 들이지 않고도 기초 영어 회화에 필요한 듣기, 말하기, 읽기, 쓰기 영역의 학습 항목이 골고루 배합되어 기초 실력이 부족한 입문자들이 부담 없이 영어 회화 학습을 시작할 수 있도록 하였습니다. 특히 학습자 혼자 공부할 수 있을 뿐만 아니라 강의나 교실 수업 교재로 활용할 수 있는 체제를 갖추었습니다.

Dialogue

각 과의 필수 문법 사항이 반영된 회화 표현을 통해 **자연스럽게 기초 문법을 익히며 회화 연습**을 할 수 있도록 하였습니다. 직장 생활에서 접할 수 있는 **다양한 상황별, 패턴별 실용 대화문**을 통해 흥미진진하고 현장감 있는 의사소통 연습을 할 수 있습니다.

> **Dialogue** ◀️01▶️
>
> ⒜ Excuse me. Are you a president of this company?
> ⒝ No, **I am a manager.** And you are?
> ⒜ Oh, **I am a salesperson from** *ABC*. My name is *Joh*
> ⒝ Hi, I'm *Steve*. Nice to meet you.
> ⒜ Good to see you.
>
>
>
> ⒜ 실례합니다. 이 회사의 사장님이신가요?
> ⒝ 아니요, 저는 과장인데요. 그런데 누구시죠?
> ⒜ 아, 저는 *ABC* 사의 영업사원입니다. 존이라고 합니다.

More to Know

자연스러운 회화 학습 및 응용 연습을 할 수 있도록 **관용표현이나 상황에 걸맞는 구어체 표현을 수록**하였습니다. 또한 **영어 회화 표현에 담긴 특유의 뉘앙스 등을 소개**함으로써 함축적인 의미를 이해하고 보다 원활한 의사소통 연습을 할 수 있도록 하였습니다.

> **More to Know**
>
> ▶ Excuse me. 실례합니다.
> Excuse me.라고 끝을 내려 말하면 '죄송합니다. / 실례합니다.' 라는
> me?라고 끝을 올려 말하면 '뭐라고요?' 또는 '다시 한 번 말해 주시겠
> 미가 됩니다.
>
> ▶ Nice to meet you. / Good to see you. 만나서 반갑습니다.
> 처음 만나는 사람에게 Nice to meet you. / Good to see you.라고
>

Grammar Point

복잡하고 난해한 문법 설명을 배제하고 회화 표현과 연관된 문법 사항들을 간략하게 정리, 기초 회화 문법을 익히고 실제 대화에서의 응용 및 활용 능력을 키워 나갈 수 있도록 하였습니다.

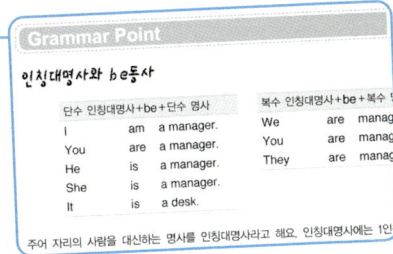

Language Tip

발음, 액센트, 억양, 음운 현상, 문화 차이에 따른 표현과 의미 차이, 듣기와 말하기 관련 보충 해설을 통해 청취력과 의사 표현 능력을 향상시킬 수 있도록 하였습니다.

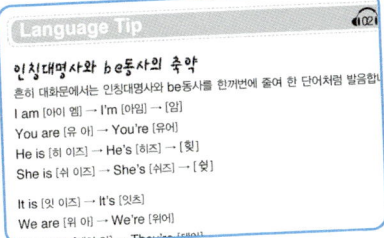

Exercise

이미 학습한 내용을 복습하며 본인의 학습 성과를 파악할 수 있도록 **핵심 표현, 회화 문법, 청취력, 이해력 등을 테스트**하는 다양한 듣기, 말하기, 읽기, 쓰기 연습 문제를 마련하였습니다.

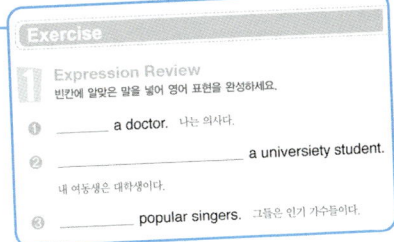

차례

◉ 머리말

◉ 이 책의 구성

1st Week

I am a manager.

저는 과장입니다.

▶▶▶ *be동사로 자기소개하기*

Dialogue

 01 대화 연습하기

ⓐ Excuse me. Are you a president of this company?

ⓑ No, **I am a manager.** And you are?

ⓐ Oh, **I am a salesperson from *ABC*.** My name is *John*.

ⓑ Hi, I'm *Steve*. Nice to meet you.

ⓐ Good to see you.

ⓐ 실례합니다. 이 회사의 사장님이신가요?

ⓑ 아니요. 저는 과장인데요. 그런데 누구시죠?

ⓐ 아, 저는 ABC 사의 영업사원입니다. 존이라고 합니다.

ⓑ 안녕하세요. 저는 스티브예요. 만나서 반가워요.

ⓐ 만나서 반갑습니다.

----

words president 사장　salesperson 영업사원

More to Know

▶ Excuse me. 실례합니다.
　 Excuse me.라고 끝을 내려 말하면 '죄송합니다. / 실례합니다.' 라는 뜻이 됩니다. Excuse me?라고 끝을 올려 말하면 '뭐라고요?' 또는 '다시 한 번 말해 주시겠어요?' 라는 확인하는 의미가 됩니다.

▶ Nice to meet you. / Good to see you. 만나서 반가워요.
　 처음 만나는 사람에게 Nice to meet you. / Good to see you.라고 인사하면 무난합니다.

인칭대명사와 be동사

단수 인칭대명사+be+단수 명사			복수 인칭대명사+be+복수 명사		
I	am	a manager.	We	are	managers.
You	are	a manager.	You	are	managers.
He	is	a manager.	They	are	managers.
She	is	a manager.			
It	is	a desk.			

주어 자리의 사람을 대신하는 명사를 인칭대명사라고 해요. 인칭대명사에는 1인칭 단수 I(나), 복수 we(우리), 2인칭 단수 you(당신), 복수 you(당신들) 그리고 3인칭 단수 he(그), she(그녀), it(그것), 복수 they(그들, 그것들)가 있어요.

be동사는 '〜이다'라는 의미로 앞과 뒤의 요소가 같음을 나타내 주는 다리 역할을 하는 동사입니다. 그런데 이 be동사는 약간 변덕스러워서 주어에 따라 모양이 바뀝니다. 위의 표에서처럼 1인칭 단수 I에는 am, 2인칭 단수 You에는 are, 3인칭 단수 He/She/It에는 is, 복수 인칭대명사 We/You/They에는 are가 사용됩니다.

인칭대명사와 be동사의 축약

흔히 대화문에서는 인칭대명사와 be동사를 축약하여 한 단어처럼 발음합니다.

I am [아이 엠] → I'm [아임] → [암]
You are [유 아] → You're [유어]
He is [히 이즈] → He's [히즈] → [힛]
She is [쉬 이즈] → She's [쉬즈] → [쉿]

It is [잇 이즈] → It's [잇츠]
We are [위 아] → We're [위어]
They are [데이 아] → They're [데아]

1 Expression Review

빈칸에 알맞은 말을 넣어 영어 표현을 완성하세요.

❶ _____ a doctor. 나는 의사다.

❷ _____ a university student.

내 여동생은 대학생이다.

❸ _____ popular singers. 그들은 인기 가수들이다.

❹ _____ a good father. 나는 좋은 아버지이다.

❺ _____ a supermom. 내 아내는 슈퍼맘이야.

❻ _____ a genius. 너는 천재야.

❼ _____ a good mother. 당신은 좋은 어머니예요.

❽ _____ a nurse. 그녀는 간호사입니다.

❾ _____ me. 실례합니다.

❿ Good to _____. 만나서 반가워요.

2 Speaking Quiz

대화문을 총정리하면서 한글 부분을 영어로 말해 보세요.

Ⓐ Excuse me. Are you a president of this company?

Ⓑ No, ❶ 저는 과장인데요. And you are?

Ⓐ Oh, ❷ 저는 ABC 사의 영업사원입니다. My name is *John*?

Ⓑ Hi, I'm *Steve*. ❸ 만나서 반가워요.

Ⓐ Good to see you.

3 Listening Challenge

지문을 듣고 빈칸을 채워 보세요.

Hello, everyone. Nice to meet you. My name is *Hansung Lee*.

❶ _____ an engineer. ❷ _____ a manager at *ABC Company*.

I'm 35 years old. ❸ _____ a math teacher. ❹ _____

a good couple. I have many good coworkers at work. Mr. *Sungsoo*

Kim is my office mate. ❺ _____.

❻ _____ good coworkers and good friends to each other.

4 Comprehension Skill

❸번 지문 내용에 관한 질문에 답해 보세요.

❶ What does Mr. *Hansung Lee* do?

_____

❷ What does Mr. *Lee*'s wife do?

_____

Answer Key

1
1. I'm a doctor.
2. My younger sister is a university student.
3. They are popular singers.
4. I am a good father.
5. My wife is a supermom.
6. You are a genius.
7. You are a good mother.
8. She is a nurse.
9. Excuse me.
10. Good to see/meet you.

2
1. I am a manager.
2. I am a salesperson from *ABC*.
3. Nice to meet you.

3
Hello, everyone. Nice to meet you. My name is *Hansung Lee*. 1 I'm an engineer. 2 I'm a manager at *ABC company*. I'm 35 years old. 3 My wife is a math teacher. 4 We are a good couple. I have many good coworkers at work. Mr. *Sungsoo Kim* is my office mate. 5 He is a very nice guy. 6 We're good coworkers and good friends to each other.

|해석| 안녕하세요. 여러분. 만나서 반가워요. 제 이름은 이한성입니다. 저는 엔지니어예요. 저는 ABC 회사의 과장입니다. 35살이고요. 제 아내는 수학 교사입니다. 우리는 사이좋은 부부입니다. 저는 직장에 좋은 동료들이 많아요. 김성수 씨는 제 사무실 동료입니다. 그는 아주 좋은 사람이에요. 우리는 서로에게 좋은 동료이고 좋은 친구입니다.

4
1. He is an engineer.
2. She is a math teacher.

DAY 2

This is my report.
이게 제 보고서입니다.
▶▶▶ This/That으로 사물 지칭하기

Dialogue 대화 연습하기

Ⓐ Here it is. I'm all done. **This is my report.**

Ⓑ Thanks. Let me see... What is this last page about?

Ⓐ Oh, **that's extra information.**

Ⓑ OK, well done.

Ⓐ 여기 있습니다. 다 끝냈습니다. 이게 제 보고서입니다.

Ⓑ 고마워요. 어디 보자… 이 마지막 페이지는 뭔가요?

Ⓐ 아, 그건 추가 정보입니다.

Ⓑ 좋아요, 잘했어요.

---

words extra 추가의   information 정보

More to Know

▶ **I'm done.** 다 끝냈어요. / 완성했어요.
  어떤 일이나 행동을 완료했음을 의미하는 표현입니다. 직역하면 '내가 끝내졌다' 라는 어색한 표현이 되지만 '끝냈다, 완성했다' 라는 의미로 I'm done. 또는 'I'm finished.라는 표현을 흔히 사용합니다. 완성된 대상을 가리키면서 It's done.(그것이 끝났다.)이라고 할 수도 있습니다.

▶ **Let me see.** 한번 볼게요. / 어디 봅시다.
  뭔가 곰곰이 생각하거나 망설이는 듯한 뉘앙스를 주는 표현입니다.

▶ **Well done.** 잘했어요.
  식당에서는 well done이라고 하면 고기 등을 '완전히 익힌 것' 을 의미합니다. Well done.은 업무에 대해서는 '참 잘했어요.' 라는 칭찬의 의미로 쓰인답니다.

DAY 2 This is my report. **19**

지시대명사

'지시' 한다는 뜻으로 this, that과 같은 대명사를 '지시대명사' 라고 하지요.

this는 가까이 있는 것을 가리킬 때 that은 어느 정도 거리가 떨어진 곳에 있는 것을 가리킬 때 사용합니다.

this의 복수형은 these, that의 복수형은 those입니다.

단수 지시대명사	be동사	복수 지시대명사	be동사
This 이것 That 저것	is	These 이것들 Those 저것들	are

This is my desk. 이것은 제 책상이에요.
That is *Jinhee*'s desk. 저것은 진희 씨 책상이죠.
These are my clients. 이 사람들은 제 고객들입니다.
Those are your files. 저것들은 당신의 파일들입니다.

This is my report.처럼 지시대명사 this, that이 단독으로 주어로 사용되기도 하지만 지시형용사로 사용되어 명사 앞에서 수식할 수도 있습니다.

This report is mine. 이 보고서는 제 것입니다.
This report is yours. 이 보고서는 당신 것입니다.

this와 that은 사물뿐만 아니라 사람을 가리키며 소개할 때도 사용할 수 있습니다.
This is my brother. 이 사람은 제 남동생/형/오빠입니다.
That's *Jay*'s girlfriend. 저 여자는 제이의 여자 친구입니다.

[r]과 [l] 발음

[r] 발음을 할 때는 혀가 입천장에 닿지 않아야 합니다. 혀를 입천장에 닿지 않게 하려면 입 모양을 [으]로 시작해 발음해 보세요. 입술을 동그랗게 하는 것이 포인트입니다.

rice [(으)롸이스]　　run [(으)뤄언]　　race [(으)뤠이스]　　rush [(으)뤄쉬]　　radio [(으)뤠이디오]

[l] 발음을 할 때는 혀가 입천장에 닿아야 합니다. 혀를 입 안쪽으로 쭉 말아 올리면서 앞으로 튀기면서 내는 발음입니다. 입 모양을 [을]로 시작하는 것이 포인트입니다.

lice [(을)라이스]　　lace [(을)레이스]　　lawyer [(을)러이어]　　long [(을)로옹]

1 Expression Review

빈칸에 알맞은 말을 넣어 영어 표현을 완성하세요.

1 _____ my house. 여기가 우리 집이에요.

2 _____ your coffee. 이것은 당신의 커피예요.

3 _____ your work. 이건 당신의 일입니다.

4 _____ my business card. 이건 제 명함입니다.

5 _____ *Mikyung Park* _____ the HR department.

이분은 인사부의 박미경 씨입니다.

6 _____ our new products. 저것들은 저희 신제품입니다.

7 _____ my clients' numbers. 이것들은 제 고객들의 번호들이죠.

8 _____. 다 끝냈어요.

9 _____. 한번 볼게요.

10 _____. 잘했어요.

2 Speaking Quiz

대화문을 총정리하면서 한글 부분을 영어로 말해 보세요.

A Here it is. I'm all done. **1** 이게 제 보고서입니다.

B Thanks. Let me see... What is this last page about?

A Oh, **2** 그건 추가 정보입니다.

B OK, well done.

3 Listening Challenge 🎧03

지문을 듣고 빈칸을 채워 보세요.

Well, ❶ _____ my office. Come on in. ❷ _____

my desk. This is my computer. This leather chair is very

comfortable. Please have a seat. ❸ _____ prizes that

I've won. Pretty amazing, right? ❹ _____ business

books. And ❺ _____ the CDs of my favorite musicians.

❻ _____ my family picture. And ❼ _____ my

secretary *Mina*.

4 Comprehension Skill

③번 지문 내용에 관한 질문에 답해 보세요.

❶ What books do you see here on the bookshelf?

_____

❷ Who is *Mina*?

_____

1
1. This is my house.
2. This is your coffee.
3. This is your work.
4. This is my business card.
5. This is *Mikyung Park* from the HR department.
6. Those are our new products.
7. These are my clients' numbers.
8. I'm (all) done.
9. Let me see.
10. Well done.

2
1. This is my report.
2. that's extra information.

3
Well, 1 this is my office. Come on in. 2 This is my desk. This is my computer. This leather chair is very comfortable. Please have a seat. 3 Those are prizes that I've won. Pretty amazing, right? 4 These are business books. And 5 those are the CDs of my favorite musicians. 6 That is my family picture. And 7 this is my secretary *Mina*.

|해석| 자, 여기가 제 사무실입니다. 어서 들어오세요. 이건 제 책상입니다. 이건 제 컴퓨터이고요. 이 가죽 의자는 아주 편안해요. 앉으시죠. 저것들은 제가 받은 상들입니다. 대단하죠? 이것들은 비즈니스 책들입니다. 그리고 저것들은 제가 좋아하는 음악가들의 CD들입니다. 저건 제 가족 사진이고요. 그리고 이분은 제 비서인 미나 씨입니다.

4
1. These are business books.
2. She is a secretary.

This is mine.
이것은 제 것입니다.
▶▶▶ 소유격으로 주인을 밝히기

Dialogue 대화 연습하기

Ⓐ **Is this your book?**

Ⓑ Yes, **this is mine.** It's a bestseller.

Ⓐ Yeah, I heard so. May I borrow this?

Ⓑ Sure. Be my guest.

Ⓐ **Is that yours, too?**

Ⓑ No, **that's my friend's.**

Ⓐ 이것은 당신의 책인가요?

Ⓑ 네. 제 것입니다. 그 책은 베스트셀러예요.

Ⓐ 네, 그렇다고 들었어요. 이 책을 빌려도 될까요?

Ⓑ 물론이죠. 그렇게 하세요.

Ⓐ 저 책도 당신 것인가요?

Ⓑ 아니오. 저건 제 친구 것입니다.

words bestseller 베스트셀러　　borrow 빌리다

More to Know

▶ I heard so. 그렇다고 들었어요.
나도 그 이야기를 들었다며 상대의 말에 맞장구쳐 주는 표현으로 적절합니다.

▶ May I borrow this? 이것을 빌려도 될까요?
정중하게 문의하거나 요청할 때 May I ~?를 사용합니다.

▶ Sure. 물론이죠. / 그럼요.
상대방의 요청에 흔쾌하게 승락할 때는 Yes보다는 Sure가 더 밝고 긍정적으로 들립니다.

▶ Be my guest. 그렇게 하세요.
직역하면 '내 손님이 되세요.' 라는 의미이지만 상대방의 부탁에 대해 흔쾌하게 승낙하거나 받아 줄 때 쓰는 유용한 표현입니다.

대명사의 소유격과 소유대명사

'나의/너의/그의 ~'를 의미하는 my/your/his 등은 '~의'라는 소유의 의미로 '대명사의 소유격'이라고 합니다. 대명사의 소유격은 단독으로 쓰일 수 없고 뒤에 명사를 수반합니다.
'나의 것, 너의 것 ~'을 의미하는 소유대명사 mine/yours 등은 뒤에 명사를 쓰지 않고 단독으로 사용합니다.

주격 → 소유격 → 소유대명사	소유격(~의)+명사	소유대명사(~의 것)
I → my → mine 나의 나의 것	It's my money.	It's mine.
we → our → ours 우리의 우리의 것	It's our money.	It's ours.
you → your → yours 당신의 당신의 것	It's your money.	It's yours.
he → his → his 그의 그의 것	It's his money.	It's his.
she → her → hers 그녀의 그녀의 것	It's her money.	It's hers.
they → their → theirs 그들의 그들의 것	It's their money.	It's theirs.

[dʒ] 발음

영어에는 우리말의 [ㅈ] 발음이 없답니다. 따라서 우리말식으로 다음과 같이 발음하면 정확하게 전달되지 않을 수 있습니다.

John [존]	juice [주스]	journey [저니]	joy [조이]
jacket [재킷]	gentleman [젠틀맨]	joint [조인트]	

흔히 우리는 [dʒ]는 이렇게 [ㅈ] 소리가 날 것이라고 생각하지만 사실 [ㅈ]보다는 [(읏)쥐]에 가까운 소리랍니다. [(읏)은 소리를 낸다기보다는 뒤의 [ʒ] 발음에 힘을 넣도록 하는 것입니다.
[d] 발음에서 [쥐]에 가까운 [ʒ] 소리로 바로 이어져 [(읏)쥐]라고 발음합니다. 우리말의 [ㅈ]보다 힘이 훨씬 더 많이 들어가는 강한 소리입니다. 다음과 같이 [dʒ]를 발음해 보세요.

John [(읏)전]	juice [(읏)주스]	journey [(읏)저니]	joy [(읏)쥐이]
jacket [(읏)쮀킷]	gentleman [(읏)젠틀먼]	joint [(읏)쥐인트]	

1 Expression Review

빈칸에 알맞은 말을 넣어 영어 표현을 완성하세요.

❶ It's your book. It's _____.

그것은 당신의 책입니다. 그것은 당신 것입니다.

❷ It's my money. It's _____.

그것은 내 돈입니다. 그것은 내 것입니다.

❸ It's our building. It's _____.

그것은 우리 건물입니다. 그것은 우리 것입니다.

❹ They're her shoes. They're _____.

그것들은 그녀의 구두입니다. 그것들은 그녀의 것입니다.

❺ These're my glasses. These're _____.

이것들은 내 안경입니다. 그것들은 내 것입니다.

❻ It's our car. It's _____. 그것은 우리 차입니다. 그것은 우리 것입니다.

❼ _____ office is very big. 내 사무실은 무척 큽니다.

❽ That's not _____ umbrella. _____ is black.

그것은 내 우산이 아닙니다. 내 것은 검은색입니다.

❾ _____. 그렇다고 들었어요.

❿ _____. 그렇게 하세요.

2 Speaking Quiz

대화문을 총정리하면서 한글 부분을 영어로 말해 보세요.

Ⓐ ❶ 이것은 당신의 책인가요?

Ⓑ Yes, ❷ 이것은 제 것입니다. It's a bestseller.

Ⓐ Yeah, I heard so. May I borrow this?

Ⓑ Sure. Be my guest.

Ⓐ ❸ 저 책도 당신 것인가요?

Ⓑ No, ❹ 저건 제 친구 것입니다.

3 Listening Challenge 🎧03

지문을 듣고 빈칸을 채워 보세요.

This is a nice camera. It's ❶ _____ . I bought it last week because
I love to take pictures. Mr. *Lee* has many books on photography.
Those books on the shelf are ❷ _____ . ❸ _____ is just this
magazine. I would like to borrow ❹ _____ books.

4 Comprehension Skill

❸번 지문 내용에 관한 질문에 답해 보세요.

❶ Whose books are on the shelf?

_____

❷ Whose camera is this?

_____

1
- ❶ It's your book. It's yours.
- ❷ It's my money. It's mine.
- ❸ It's our building. It's ours.
- ❹ They're her shoes. They're hers.
- ❺ These're my glasses. These're mine.
- ❻ It's our car. It's ours.
- ❼ My office is very big.
- ❽ That's not my umbrella. Mine is black.
- ❾ I heard so.
- ❿ Be my guest.

2
- ❶ Is this your book?
- ❷ This is mine.
- ❸ Is that yours, too?
- ❹ that's my friend's.

3
This is a nice camera. It's ❶ mine. I bought it last week because I love to take pictures. Mr. *Lee* has many books on photography. Those books on the shelf are ❷ his. ❸ Mine is just this magazine. I would like to borrow ❹ his books.

|해석| 이것은 아주 좋은 카메라이다. 그것은 내 것이다. 지난주에 그것을 샀는데, 내가 사진 찍는 것을 무척 좋아하기 때문이다. 이 과장은 사진에 관한 많은 책을 가지고 있다. 서가에 있는 저 책들은 그의 것이다. 내 것은 이 잡지뿐이다. 나는 그의 책들을 빌리고 싶다.

4
- ❶ Those are Mr. *Lee*'s.
- ❷ It's mine.

DAY 4 | She is at the clinic.

그녀는 병원에 있어요.

▶▶▶ 전치사로 위치 알려 주기

Dialogue 대화 연습하기

Ⓐ Where is *Sanghee*?

Ⓑ **She is in the conference room.**

Ⓐ No, she's not there.

Ⓒ **I think she is at the clinic.** She had a headache.

Ⓐ I can't find her progress report.

Ⓒ **It's on her desk.**

Ⓐ I got it. Good. It's over here.

Ⓐ 상희 씨 어디에 있죠?

Ⓑ 그녀는 회의실에 있어요.

Ⓐ 아니요. 그녀는 거기 없어요.

Ⓒ 그녀는 병원에 있을 걸요. 두통이 있었거든요.

Ⓐ 그녀의 진행 상황 보고서를 찾을 수가 없어요.

Ⓒ 그녀의 책상 위에 있습니다.

Ⓐ 찾았어요. 좋아요. 여기 있군요.

words conference room 회의실   clinic 병원, 진료실   headache 두통   progress report 진행 상황 보고서

More to Know

▶ She had a headache. 그녀는 두통이 있었어요.
  headache는 '두통'을 의미해요. 병이나 증상이 있다고 말할 때는 동사 have로 표현합니다.

▶ I got it. 찾았어요.
  '찾았다' 또는 '이해했다' 라는 뜻으로 I got it.이라고 말해요.

▶ It's over here. 여기 있군요.
  '여기 있다'는 것을 강조할 때 over here라고 합니다.

장소의 전치사 in/on/at

1. **in**: 3차원적인 공간, 넓은 공간, 도시 · 나라 이름 앞에 사용합니다.

   in a room 방안에   **in a store** 상점 안에   **in a car** 차 안에   **in a park** 공원에

   in Seoul 서울에   **in Korea** 한국에   **in the world** 세계에

2. **at**: 잠깐 스쳐 지나가는 지점, 작은 공간에 사용합니다.

   at the bus stop 버스 정류장에   **at the door** 문간에   **at her desk** 그녀의 책상에

   at the traffic light 신호등에   **at the shopping mall** 쇼핑몰에

3. **on**: 평면 위나 접촉하여 붙어 있는 공간, 교통수단에 사용합니다.

   on a shelf 책장에   **on the floor** 바닥에   **on the wall** 벽에

   on a balcony 발코니에   **on the ceiling** 천장에   **on the street** 거리에

   on the grass 잔디밭 위에   **on a horse** 말을 타고   **on a bicycle** 자전거를 타고

Language Tip 표현 익히기

전치사의 숙어적인 사용

장소의 의미로 전치사가 사용될 때 숙어적인 의미로 쓰이는 경우가 많아요.
관사 a나 the 없이 in bed라고 말하는 경우에는 '잠자려고 침대에 있다'는 것을 의미해요.
그냥 침대 안에 있을 때는 in a bed라고 하지요.

관사 없이 in school은 그 건물의 본연의 의도 즉 '공부하러 학교에 있다'는 것을 의미하죠.
반면 그냥 어느 학교에 있는 것은 in a school이라고 합니다.

'교도소에 수감 중'임을 나타낼 때는 in prison [jail]이라고 하고 그냥 교도소 건물 안에 있을 때는
in a prison이 맞는 표현이 됩니다.

'직장에서 일하고 있음'을 나타낼 때는 in a company가 아니라 at work라고 하지요.

1 Expression Review
빈칸에 알맞은 말을 넣어 영어 표현을 완성하세요.

① *David* is _____ the kitchen.   데이비드는 주방에 있어요.

② They are _____ the balcony.   그들은 발코니에 있어요.

③ He is sitting _____ the table.   그는 탁자 위에 앉아 있어요.

④ She is _____ the bus stop.   그녀는 버스 정류장에 있어요.

⑤ What do you have _____ the bag?   가방 안에 뭐가 있나요?

⑥ A man is _____ the roof.   한 남자가 지붕 위에 있어요.

⑦ Turn right _____ the traffic light.   신호등에서 오른쪽으로 도세요.

⑧ My sister lives _____ *Seoul*.   우리 언니는 서울에 살아요.

⑨ _____.   그녀는 두통이 있었어요.

⑩ _____.   찾았어요.

2 Speaking Quiz
대화문을 총정리하면서 한글 부분을 영어로 말해 보세요.

Ⓐ Where is *Sanghee*?

Ⓑ **①** 그녀는 회의실에 있어요.

Ⓐ No, she's not there.

Ⓒ **②** 그녀는 병원에 있을 걸요. She had a headache.

Ⓐ I can't find her progress report.

Ⓒ **❸** <u>그녀의 책상 위에 있습니다.</u>

Ⓐ I got it. Good. It's over here.

3 Listening Challenge 🎧02

지문을 듣고 빈칸을 채워 보세요.

This is our office. There are thirty workers **❶** _____ the office. Many

pictures **❷** _____ the walls. We have a beautiful chandelier

❸ _____ . My boss **❹** _____ . Guests

are **❺** _____ . Some workers are taking a coffee break **❻**

_____ .

4 Comprehension Skill

❸번 지문 내용에 관한 질문에 답해 보세요.

❶ Where is the boss?

_____

❷ Where are workers taking a break?

_____

1
① *David* is in the kitchen.
② They are on the balcony.
③ He is sitting on the table.
④ She is at the bus stop.
⑤ What do you have in the bag?
⑥ A man is on the roof.
⑦ Turn right at the traffic light.
⑧ My sister lives in *Seoul*.
⑨ She had a headache.
⑩ I got it.

2
① She is in the conference room.
② I think she is at the clinic.
③ It's on her desk.

3
This is our office. There are thirty workers ① in the office. Many pictures ② are on the walls. We have a beautiful chandelier ③ on the ceiling. My boss ④ is at his desk. Guests are ⑤ at the door. Some workers are taking a coffee break ⑥ at the balcony.

|해석| 여기가 우리 사무실입니다. 사무실에는 30명의 직원이 있습니다. 많은 그림들이 벽에 걸려 있습니다. 천장에는 아름다운 샹들리에가 달려 있습니다. 상사는 자기 책상에 있습니다. 방문객들이 문간에 있습니다. 일부 직원들이 발코니에서 커피를 마시며 쉬고 있습니다.

4
① The boss is at his desk.
② Some workers are taking a coffee break at the balcony.

DAY 5 There is a cafeteria.
구내식당이 있어요.
▶▶▶ *There is/are로 존재를 나타내기*

Dialogue
 대화 연습하기

Ⓐ Welcome to our factory.

Ⓑ It's really big.

Ⓐ **There are thirty assembly lines.**

Ⓑ How many workers do you have?

Ⓐ **There are 130 workers here. There is a cafeteria.** Let's talk over some coffee.

Ⓑ Sounds good.

Ⓐ **There is some coffee, tea and juice.** What would you like?

Ⓑ I will have coffee. Thanks.

- -

Ⓐ 우리 공장에 오신 것을 환영합니다.

Ⓑ 굉장히 크네요.

Ⓐ 30개의 조립 라인이 있습니다.

Ⓑ 직원이 몇 명입니까?

Ⓐ 이곳에는 130명의 직원이 있습니다. 구내식당이 있어요. 커피를 마시면서 이야기하죠.

Ⓑ 좋아요.

Ⓐ 커피, 차, 주스가 있어요. 어느 것을 드시겠어요?

Ⓑ 커피 마시겠습니다. 고마워요.

words factory 공장　　assembly line 조립 라인　　cafeteria 구내식당

More to Know

▶ Let's talk over some coffee. 커피를 마시면서 이야기하죠.
talk over coffee는 '커피를 마시면서 이야기하다' 라는 뜻이죠. talk over dinner는 '저녁 먹으면서 이야기하다' 라는 뜻이 되겠지요?

▶ Sounds good. 좋아요.
상대의 제안에 맞장구치거나 동의할 때 유용한 표현입니다.

존재를 나타내는 *There is/are*

There is/are는 '~가 있다'라는 의미로 어떤 것이 특정 장소에 있음을 말할 때 쓰는 표현입니다.

There	be동사	주어	장소
There	is	a book	on the desk.
There	are	four books	on the desk.

is, are의 선택은 뒤에 오는 주어의 수에 따릅니다.

There is + 단수 명사
There are + 복수 명사

There is는 There's로, There are는 There're로 축약할 수 있습니다.

There are pictures on the wall. 벽에 그림들이 걸려 있네요.
There are 130 workers here. 이곳에는 130명의 직원이 있습니다.
There is a cafeteria. 구내식당이 있네요.
There is nothing to be afraid of. 두려워할 건 아무것도 없어요.

셀 수 없는 명사가 여러 개 주어로 나와도 단수로 취급해 동사는 is를 사용합니다.
There is some coffee and tea. 커피와 차가 있어요.

[f]와 [p] 발음

[f] 발음은 윗니로 바로 아랫입술을 살짝 깨물면서 [후] 하며 공기를 터뜨려 내는 소리입니다. 이때 아랫입술, 윗입술이 절대 닿아서는 안됩니다.

future [f휴처r]   face [f훼이쓰]   funny [f훠니]   fork [f호r옥]

[p] 발음은 아랫입술과 윗입술이 정확하게 닿았다가 갑자기 떨어지는 소리로, 공기를 입에 모았다가 한순간에 '팍' 터트리면서 내야 합니다. [읍] 소리를 내는 입 모양으로 시작하면 발음하기가 수월해집니다.

piano [(읍)피애노우]   page [(읍)패잇쮀]   peace [(읍)피이쓰]   park [(읍)파악]

1 Expression Review
빈칸에 알맞은 말을 넣어 영어 표현을 완성하세요.

❶ _____ 300 workers here. 이곳에는 300명의 직원이 있습니다.

❷ _____ a bookstore. 서점이 있네요.

❸ _____ nothing to be afraid of. 두려워할 건 아무것도 없어요.

❹ _____ pictures on the wall. 벽에 그림들이 걸려 있네요.

❺ _____ milk in the refrigerator. 냉장고 안에 우유가 있어요.

❻ _____ a good drama on TV tonight.

오늘 밤 TV에서 좋은 드라마를 해요.

❼ _____ a pen on the desk. 책상 위에 펜이 있어요.

❽ _____ . 커피를 마시면서 이야기하죠.

❾ _____ ? 어느 것을 드시겠어요?

❿ _____ . 좋아요.

2 Speaking Quiz
대화문을 총정리하면서 한글 부분을 영어로 말해 보세요.

Ⓐ Welcome to our factory.

Ⓑ It's really big.

Ⓐ ❶ 30개의 조립 라인이 있습니다.

Ⓑ How many workers do you have?

Ⓐ ❷ 이곳에는 130명의 직원이 있습니다. 구내식당이 있어요. Let's talk over some coffee.

Ⓑ Sounds good.

Ⓐ ❸ 커피, 차, 주스가 있어요. What would you like?

Ⓑ I will have coffee. Thanks.

3 Listening Challenge 🎧03

지문을 듣고 빈칸을 채워 보세요.

I'm in the coffee shop. ❶ _____ many people waiting for coffee. ❷ _____ three big coffee machines. ❸ _____ many coffee mugs for sale. ❹ _____ _____ studying. There are many office workers. ❺ _____ Jane over there! I will go say hello to her.

4 Comprehension Skill

❸번 지문 내용에 관한 질문에 답해 보세요.

❶ How many coffee machines are there in the coffee shop?

_____

❷ How many students are there?

_____

1
❶ There are 300 workers here.
❷ There is a bookstore.
❸ There is nothing to be afraid of.
❹ There are pictures on the wall.
❺ There is milk in the refrigerator.
❻ There is a good drama on TV tonight.
❼ There is a pen on the desk.
❽ Let's talk over some coffee.
❾ What would you like?
❿ Sounds good.

2
❶ There are thirty assembly units.
❷ There are 130 workers here. There is a cafeteria.
❸ There is some coffee, tea, and juice.

3
I'm in the coffee shop. ❶ There are many people waiting for coffee. ❷ There are three big coffee machines. ❸ There are many coffee mugs for sale. ❹ There are five students studying. There are many office workers. ❺ There is *Jane* over there! I will go say hello to her.

|해석| 저는 커피숍에 있어요. 그곳에는 커피를 기다리고 있는 많은 사람들이 있어요. 그곳에는 커다란 커피 머신 세 개가 있어요. 판매용 커피 머그잔이 많아요. 그곳에서 학생 다섯 명이 공부를 하고 있어요. 직장인들이 많이 있어요. 저기 제인이 있네요! 가서 그녀에게 인사해야겠어요.

4
❶ There are three big coffee machines.
❷ There are five students studying in the coffee shop.

2nd Week

DAY 6

Is this your new car?

이게 당신의 새 차인가요?

▶▶▶ *Is this ~?로 맞는 사물인지 확인하기*

Dialogue

 대화 연습하기

Ⓐ **Is this your new car?** Awesome!

Ⓑ Yes, I got it finally.

Ⓐ **Is that a new *Sonata*?**

Ⓑ Yes. It was on sale. I got a 10 percent discount.

Ⓐ You have a good eye for a bargain.

Ⓑ Yeah, I was lucky. **Is that your motorcycle?**

Ⓐ Yes, that's mine. I bought it for commuting.

Ⓑ Cool. I love it.

Ⓐ 이게 당신의 새 차인가요? 참 멋지군요!

Ⓑ 네, 드디어 구입했어요.

Ⓐ 그게 신형 소나타인가요?

Ⓑ 네, 세일 중이었거든요. 10퍼센트 할인을 받았어요.

Ⓐ 저렴한 물건을 고르는 안목이 있으시네요.

Ⓑ 네, 운이 좋았죠. 저게 당신의 오토바이인가요?

Ⓐ 네, 제 것입니다. 출퇴근용으로 샀어요.

Ⓑ 근사해요. 맘에 들어요.

words awesome 대단한　lucky 운이 좋은　motorcycle 오토바이　commute 출퇴근하다

More to Know

▶ It was on sale. 세일 중이었거든요.
　be on sale은 '할인 행사 중이다' 라는 뜻이랍니다.

▶ I got a 10 percent discount. 10퍼센트 할인을 받았어요.
　'할인해 주다' 라는 표현은 give a discount를 사용합니다.

▶ You have a good eye for a bargain. 저렴한 물건을 고르는 안목이 있으시네요.
　have a good eye for something은 '~에 안목이 있다' 라는 뜻이랍니다.

be동사 의문문

단수	복수
Is this ~?	Are these ~?
Is that ~?	Are those ~?

be동사가 들어간 문장을 의문문으로 만들려면 be동사를 주어 앞으로 이동하면 됩니다. '이것이 ~ 입니까?' 라고 물어볼 때 Is this ~? 그리고 '저것이 ~입니까?' 라고 물어볼 때 Is that ~?이라고 하면 됩니다.

Is this your file? 이것이 당신 파일입니까?
Is this your family picture? 이것이 당신 가족 사진입니까?
Is that your car? 저것이 당신 차인가요?
Is that your house? 저기가 당신 집이에요?

복수형인 경우 be동사 are를 사용하여 Are these ~?/Are those ~?라고 하면 됩니다.

Are these your clients? 이분들이 당신 고객들입니까?
Are those your products? 저것들이 당신 상품이에요?

th와 s의 발음

1. th의 유성음, 즉 성대가 울리는 [ð] 발음은 [ㄷ] 소리에 가깝습니다.
   this [디스]   breathe [브(으)뤼드]

2. th의 무성음, 즉 성대가 울리지 않는 [θ] 발음은 [ㄸ]와 [ㅆ]가 겹친 듯한 소리입니다.
   think [ㅆ띵ㅋ]   three [ㅆ뜨뤼]

3. s의 [s] 발음은 마치 가스가 새어 나오는 듯한 [ㅆ] 소리입니다.
   sink [씽ㅋ]   sick [씩]

1 Expression Review

빈칸에 알맞은 말을 넣어 영어 표현을 완성하세요.

❶ _____ your office? 이곳이 당신 사무실이에요?

❷ _____ your family picture? 이게 당신 가족 사진이에요?

❸ _____ your report? 이게 당신 보고서인가요?

❹ _____ the Japanese restaurant? 저곳이 그 일본 식당인가요?

❺ _____ your project lists? 이것들이 당신의 프로젝트 목록들인가요?

❻ _____ itineraries? 이것들이 여행 일정인가요?

❼ _____ new products? 저것들이 신제품인가요?

❽ _____ business books? 저것들이 비즈니스 책들인가요?

❾ _____ . 10퍼센트 할인을 받았어요.

❿ _____ .

저렴한 물건을 고르는 안목이 있으시네요.

2 Speaking Quiz

대화문을 총정리하면서 한글 부분을 영어로 말해 보세요.

Ⓐ ❶ 이게 당신의 새 차인가요? Awesome!

Ⓑ Yes, I got it finally.

Ⓐ ❷ 그게 신형 소나타인가요?

Ⓑ Yes. It was on sale. I got a 10 percent discount.

Ⓐ You have a good eye for a bargain.

Ⓑ Yeah, I was lucky. ❸ 저게 당신의 오토바이인가요?

Ⓐ Yes, that's mine. I bought it for commuting.

Ⓑ Cool. I love it.

3 Listening Challenge 🎧03🎧

지문을 듣고 빈칸을 채워 보세요.

What are these?

❶ _____ new car? That is a good car. ❷ _____

his new suit? Wow, he looks great! ❸ _____ the list of

projects I have to finish? I have a lot of work to do. ❹ _____

Miyoung's new shoes? They look amazing.

4 Comprehension Skill

다음 각 문장을 의문문으로 바꿔 쓰세요.

❶ Those are my gloves. _____

❷ That is my mother. _____

❸ Those are my children. _____

1
  1. Is this your office?
  2. Is this your family picture?
  3. Is this your report?
  4. Is that the Japanese restaurant?
  5. Are these your project lists?
  6. Are these itineraries?
  7. Are those new products?
  8. Are those business books?
  9. I got a 10 percent discount.
  10. You have a good eye for a bargain.

2
  1. Is this your new car?
  2. Is that a new *Sonata*?
  3. Is that your motorcycle?

3
  What are these?
  1. Is this his new car? That is a good car. 2. Is that his new suit? Wow, he looks great! 3. Is this the list of projects I have to finish? I have a lot of work to do. 4. Are those *Miyoung*'s new shoes? They look amazing.

  |해석| 이것들은 무엇인가?
  이것이 그의 새 차인가? 저것은 좋은 차다. 저것은 그의 새 정장인가? 와, 그가 멋져 보인다! 이것은 내가 끝내야 할 프로젝트 목록인가? 내가 할 일이 많군. 저것들은 미영의 새 구두인가? 굉장해 보인다.

4
  1. Are those your gloves?
  2. Is that your mother?
  3. Are those your children?

Do you have time?

시간 있어요?

▶▶▶ *Do you have ~?로 현재 가지고 있는 것을 확인하기*

Dialogue
 대화 연습하기

Ⓐ **Do you have time?**

Ⓑ Sure, what is it?

Ⓐ **Do you have any appointment after work?**

Ⓑ No, nothing tonight. Why?

Ⓐ Can you help me with my proposal?

Ⓑ **Do you have the proposal now?** Let me have a look at it first.

Ⓐ Here it is.

Ⓑ Let me see. It's almost done. Sure, I can help finishing it up.

Ⓐ Thanks so much.

Ⓐ 시간 있어요?

Ⓑ 그럼요, 뭔데요?

Ⓐ 퇴근 후에 약속 있나요?

Ⓑ 아니요. 오늘 밤에는 아무것도 없어요. 왜요?

Ⓐ 제 제안서 작성하는 것 좀 도와주시겠어요?

Ⓑ 지금 그 제안서 갖고 있나요? 먼저 한번 살펴볼게요.

Ⓐ 여기 있어요.

Ⓑ 어디 보자. 거의 끝냈군요. 그래요, 마무리하는 걸 도와줄 수 있어요.

Ⓐ 정말 고마워요.

words appointment 약속   after work 퇴근 후에   proposal 제안서   finish up 마무리하다

More to Know

▶ Let me have a look at it first. 먼저 한번 살펴볼게요.
먼저 보고 결정하겠다는 뜻이지요.

▶ It's almost done. 거의 끝냈군요.
거의 끝났다는 표현으로 It's almost finished.라고도 합니다.

동사 have와 의문문

동사 have는 일상 회화에 자주 등장하며 '가지다' 라는 의미 외에도 다양한 의미로 사용됩니다.

I have no idea. (지식을) 지니다

I have an apple a day. 먹다

I have fun. 경험하다

She had a son. 낳다

	조동사	주어	동사	목적어
평서문		I / They / You	have	time
		She / He / James	has	time
의문문	Do	I / they / you	have	time?
	Does	she / he / James	have	time?

have가 들어간 문장 앞에 조동사 do를 붙여 Do you have / Does she have ~?로 질문하면 '~ 있어요?' 라는 의미가 됩니다.

다른 일반동사가 들어간 문장도 조동사 do나 does를 문장 앞에 넣어 주기만 하면 의문문이 됩니다.

He loves sports. → Does he love sports?

무강세 모음의 약화

영어 단어의 강세에는 제1강세(primary accent), 제2강세(secondary accent), 무강세(no accent)가 있지요. 강세가 들어간 모음은 원래대로 충실하게 발음해 주지만 강세가 없는 모음은 원래 발음이 사라지고 [어]나 [으]로 바뀌게 됩니다.

académy [으케러미]   hóliday [할러데이]   módel [마를]

repórt [르포얼]   belíeve [블리입]

Exercise 연습문제

1 Expression Review
빈칸에 알맞은 말을 넣어 영어 표현을 완성하세요.

❶ _____ a younger sister? 여동생 있어요?

❷ _____ time? 시간 있어요?

❸ _____ a car? 차 있어요?

❹ _____ a child? 자녀가 있으세요?

❺ _____ a boyfriend? 그녀에게 남자 친구가 있나요?

❻ _____ questions? 질문이 있나요?

❼ _____ a headache? 두통이 있나요?

❽ _____ problems? 그에게 문제가 있나요?

❾ _____. 먼저 한번 살펴볼게요.

❿ _____. 거의 끝냈군요.

2 Speaking Quiz
대화문을 총정리하면서 한글 부분을 영어로 말해 보세요.

Ⓐ ❶ 시간 있어요?

Ⓑ Sure, what is it?

Ⓐ ❷ 퇴근 후에 약속 있나요?

Ⓑ No, nothing tonight. Why?

Ⓐ Can you help me with my proposal?

B ❸ 지금 그 제안서 갖고 있나요? Let me have a look at it first.

A Here it is.

B Let me see. It's almost done. Sure, I can help finishing it up.

A Thanks so much.

3 Listening Challenge 🎧03

지문을 듣고 빈칸을 채워 보세요.

❶ _____ much work today? Yes, I do. I have a meeting with *ABC Company* at 10 a.m. ❷ _____ a lunch break? Yes, but it's a working lunch. ❸ _____ something else to take care of today? Yes, I do. At 2 p.m., ❹ _____. I have a headache these days. ❺ _____ free time after work? Not really. In the evening, ❻ _____ with executives. I will have some drinks and go home late.

4 Comprehension Skill

❸번 지문 내용에 관한 질문에 답해 보세요.

❶ What does he do at 10 a.m. today?

_____

❷ Why does he go to the doctor's?

_____

❸ What does he do in the evening?

_____

1

❶ Do you have a younger sister?

❷ Do you have time?

❸ Do you have a car?

❹ Do you have a child?

❺ Does she have a boyfriend?

❻ Do you have questions?

❼ Do you have a headache?

❽ Does he have problems?

❾ Let me have a look at it first.

❿ It's almost done.

2

❶ Do you have time?

❷ Do you have any appointment after work?

❸ Do you have the proposal now?

3

❶ Do I have much work today? Yes, I do. I have a meeting with *ABC Company* at 10 a.m. ❷ Do I have a lunch break? Yes, but it's a working lunch. ❸ Do I have something else to take care of today? Yes, I do. At 2 p.m., ❹ I have a doctor's appointment. I have a headache these days. ❺ Do I have free time after work? Not really. In the evening, ❻ I have dinner with executives. I will have some drinks and go home late.

|해석| 오늘 내가 일이 많은가? 그렇다. 오전 10시에 ABC 사와 회의가 있다. 점심 휴식 시간은 있는가? 그렇다. 하지만 업무를 보며 먹는 점심이다. 오늘 처리해야 할 또 다른 것이 있는가? 그렇다. 오후 2시에는 병원 예약이 있다. 요즈음 두통이 있다. 퇴근 후에 자유 시간이 있는가? 사실 그렇지 않다. 저녁에는 임원들과 저녁 식사를 한다. 술을 좀 마시고 집에 늦게 갈 것이다.

4

❶ He has a meeting with *ABC Company*.

❷ It is because he has a headache.

❸ He has dinner with executives.

DAY 8

I do a lot of outdoor activities.

저는 야외 활동을 많이 해요.

▶▶▶ 일상적으로 하는 일을 현재형으로 말하기

Dialogue 대화 연습하기

Ⓐ What do you do on weekends?

Ⓑ Nothing special. **I go hiking.** What about you?

Ⓐ **Usually I stay home.** On my day off, **I just watch TV all day.**

Ⓑ **I do a lot of outdoor activities.**

Ⓐ Yes, I heard so.

Ⓑ Let's go hiking some day.

Ⓐ Great. I'm in!

Ⓐ 주말에 뭐 해요?

Ⓑ 특별한 건 없고요. 하이킹하러 가요. 당신은요?

Ⓐ 저는 대개 집에 있어요. 쉬는 날에는 그냥 하루 종일 TV를 봐요.

Ⓑ 저는 야외 활동을 많이 해요.

Ⓐ 네, 그렇게 들었어요.

Ⓑ 언제 하이킹하러 갑시다.

Ⓐ 좋아요. 저도 낄게요!

---

words day off 쉬는 날   stay home 집에 있다   outdoor activity 야외 활동

More to Know

▶ Nothing special. 특별한 건 없어요.
그냥 Nothing.이라고 말하는 것보다 훨씬 부드럽고 자연스럽게 들리는 표현입니다.

▶ What about you? 당신은요?
상대방이 했던 질문을 상대방에게 다시 할 때 질문을 반복하는 대신에 사용합니다.

▶ I'm in. 저도 낄게요.
누군가의 초청이나 활동에 함께하겠다고 동의할 때 사용하는 간단한 표현입니다.

현재 시제

현재의 습관적이고 일상적인 행동이나 일반적인 사실 등을 나타내는 현재 시제는 동사원형을 사용하며 3인칭 단수에는 -(e)s를 붙여 줍니다.

	단수	복수
1인칭	I sleep	We sleep
2인칭	You sleep	You sleep
3인칭	He / She sleeps It rains	They sleep

I watch TV every day. 나는 매일 TV를 본다.
Jane eats breakfast every morning. 제인은 매일 아침 식사를 한다.
We sleep early every day. 우리는 매일 일찍 잔다.
They go to church every Sunday. 그들은 일요일마다 교회에 간다.

3인칭 단수 동사 현재형의 어미 -s / -es의 발음

3인칭 단수 동사 끝에 붙이는 -s/-es는 다양하게 발음됩니다.

1. 철자의 발음이 유성음으로 끝나는 동사 뒤에서는 [z]로 발음됩니다.
   drive-drives [-vz]   ride-rides [-dz] (e는 묵음)
   runs, sees, smiles, snows, wears 등도 -s가 [z]로 발음됩니다.

2. 철자의 발음이 무성음으로 끝나는 동사 뒤에서는 [s]로 발음됩니다.
   drink-drinks [-ks]   write-writes [-ts] (e는 묵음)   laugh-laughs [-fs] (gh는 [f] 발음)

3. -ch/-sh/-ss/-x로 끝나는 동사 뒤에는 -es를 붙이고 [iz]로 발음합니다.
   teach-teaches [-iz]   push-pushes [-iz]   kiss-kisses [-iz]   fix-fixes [-iz]

4. 자음+y로 끝나는 동사는 y를 i로 바꾸고 -es를 붙여 [iz]로 발음합니다.
   cry-cries [-iz]   study-studies [-iz]   try-tries [-iz]

5. 모음+y로 끝나는 동사는 s만 붙여 [z]로 발음합니다.
   buy-buys [-z]   enjoy-enjoys [-z]   pay-pays [-z]

1 Expression Review

빈칸에 알맞은 말을 넣어 영어 표현을 완성하세요.

❶ *Bob* _____ television every night.

❷ *Jane* and *Kimberly* _____ coffee every morning.

❸ *Amy* always _____ her children good-night.

❹ I _____ dishes every evening.

❺ *Peter* _____ his homework after school.

❻ We _____ our homework every evening.

❼ *Jason* _____ a car.

❽ _____. 특별한 건 없어요.

❾ _____? 당신은요?

❿ _____! 저도 낄게요!

2 Speaking Quiz

대화문을 총정리하면서 한글 부분을 영어로 말해 보세요.

Ⓐ What do you do on weekends?

Ⓑ Nothing special. ❶ 하이킹하러 가요. What about you?

Ⓐ ❷ 저는 대개 집에 있어요. On my day off, ❸ 그냥 하루 종일 TV를 봐요.

Ⓑ ❹ 저는 야외 활동을 많이 해요.

Ⓐ Yes, I heard so.

Ⓑ Let's go hiking some day.

Ⓐ Great. I'm in!

3 Listening Challenge 🎧 ◀03▶

지문을 듣고 빈칸을 채워 보세요.

Our team members are *Jane*, *Sangchul*, *Minsoo* and *Mina*. I

❶ _____ office early every morning. *Jane* ❷ _____

coffee for all team members. She makes delicious coffee. *Minsoo*

❸ _____ his e-mail first in the morning. *Sangchul* ❹ _____

newspaper while drinking coffee. *Mina* ❺ _____ her make-

up at her desk. We ❻ _____ a very busy morning.

4 Comprehension Skill

3번 지문 내용에 관한 질문에 답해 보세요.

❶ What does *Jane* do in the morning?

_____

❷ What does *Minsoo* do first thing in the morning?

_____

1
❶ *Bob* watches television every night.
❷ *Jane* and *Kimberly* drink coffee every morning.
❸ Amy always kisses her children good-night.
❹ I wash dishes every evening.
❺ Peter does his homework after school.
❻ We do our homework every evening.
❼ *Jason* has a car.
❽ Nothing special.
❾ What about you?
❿ I'm in!

2
❶ I go hiking.
❷ Usually I stay home.
❸ I just watch TV all day.
❹ I do a lot of outdoor activities.

3
Our team members are *Jane, Sangchul, Minsoo* and *Mina*. I ❶ come to office early every morning. *Jane* ❷ always makes coffee for all team members. She makes delicious coffee. *Minsoo* ❸ checks his e-mail first in the morning. *Sangchul* ❹ reads newspaper while drinking coffee. *Mina* ❺ fixes her make-up at her desk. We ❻ have a very busy morning.

|해석| 우리 팀원은 제인, 상철, 민수와 미나입니다. 저는 매일 아침 일찍 회사에 옵니다. 제인은 항상 모든 팀원을 위해 커피를 만들죠. 그녀는 커피를 맛있게 만듭니다. 민수는 아침에 가장 먼저 이메일부터 확인합니다. 상철은 커피를 마시면서 신문을 읽습니다. 미나는 자기 자리에서 화장을 고치지요. 우리는 아주 바쁘게 아침을 보냅니다.

4
❶ *Jane* always makes coffee for all team members.
❷ *Minsoo* checks his e-mail first in the morning.

Dialogue
 대화 연습하기

Ⓐ What are you working on?

Ⓑ **I'm writing a report.** I need to finish this by this afternoon.

Ⓐ It's due by tomorrow, though.

Ⓑ Yeah, but **I'm meeting my girlfriend tonight.**

Ⓐ That's the spirit!

Ⓑ What are you reading anyway?

Ⓐ Oh, **I'm reading a new novel.** This is very entertaining.

Ⓑ Please tell me the story. I'm all ears.

Ⓐ 무슨 작업을 하는 중이죠?

Ⓑ 보고서를 작성하고 있어요. 오늘 오후까지 끝내야 해요.

Ⓐ 하지만 마감은 내일이잖아요.

Ⓑ 네, 하지만 오늘 밤에 여자 친구를 만나거든요.

Ⓐ 바로 그 정신이에요!

Ⓑ 그런데 뭘 읽고 있나요?

Ⓐ 아, 신간 소설을 읽고 있어요. 아주 재미있어요.

Ⓑ 내용을 이야기해 주세요. 잘 듣고 있어요.

words due 제출하기로 되어 있는　novel 소설　entertaining 재미있는

More to Know

▶ That's the spirit! 바로 그 정신이에요!
상대의 말이나 행동에 동의할 때 격려하는 표현입니다.

▶ This is very entertaining. 아주 재미있어요.
entertaining은 '흥을 돋우는, 즐겁게 하는' 이란 뜻으로 재미있는 대상을 설명할 때 사용하세요.

▶ I'm all ears. 잘 듣고 있어요.
be all ears는 직역하면 '온몸이 귀다' 즉 '경청하고 있다' 라는 의미의 관용표현입니다.

현재진행형

동사의 현재진행형은 〈be동사+동사의 ing형〉으로 만듭니다. 여기서 be동사 am/are/is는 조동사 역할, 동사의 ing형은 본동사 역할을 합니다.

주어	be동사+동사 ing	시간 부사
I	am studying	right now.
You	are studying	these days.
Jane	is studying	tonight.

현재진행형은 말하고 있는 지금 현재 시점에서 일어나고 있는 행위를 나타내며 최근의 동향, 가까운 미래의 확정된 계획을 나타내기도 합니다.

I'm reading a book now. 지금 책을 읽고 있어요. (현재 시점)
I'm reading this book these days. 요즘 이 책을 읽고 있다. (근황)
I'm watching a movie tonight. 오늘 밤에 영화를 볼 것이다. (확정된 계획)

동사의 어미에 따라 -ing형을 만드는 규칙

1. 단어의 끝이 '자음+e'인 경우 e를 생략하고 -ing를 붙입니다.
   dance-dancing   write-writing

2. 단어의 끝이 '단모음+단자음'인 경우 자음을 하나 더 첨가하고 -ing를 붙입니다.
   cut-cutting   run-running
   (예외: snow-snowing   fix-fixing   say-saying)

3. 단어의 끝이 '복모음+단자음'인 경우 그냥 -ing를 붙입니다.
   read-reading   wear-wearing

4. 단어의 끝이 '복자음'인 경우 그냥 -ing를 붙입니다.
   count-counting   stand-standing

1 Expression Review

빈칸에 알맞은 말을 넣어 영어 표현을 완성하세요.

❶ *Anna* _____ breakfast.   애나는 아침 식사를 하는 중입니다.

❷ _____ a report.   저는 보고서를 작성하고 있습니다.

❸ He _____ a movie tonight.   그는 오늘 밤에 영화를 봅니다.

❹ *John* _____ in the room.   존은 방에서 공부를 하고 있습니다.

❺ I _____ a novel these days.   요즈음 소설을 읽고 있습니다.

❻ I _____ downtown.   시내에 가는 중입니다.

❼ He _____ a cup of coffee.   그는 커피 한 잔을 마시는 중입니다.

❽ _____!   바로 그 정신이에요!

❾ _____.   이것은 아주 재미있어요.

❿ _____.   잘 듣고 있어요.

2 Speaking Quiz

대화문을 총정리하면서 한글 부분을 영어로 말해 보세요.

Ⓐ What are you working on?

Ⓑ ❶ 보고서를 작성하고 있어요. I need to finish this by this afternoon.

Ⓐ It's due by tomorrow, though.

Ⓑ Yeah, but ❷ 오늘 밤에 여자 친구를 만나거든요.

Ⓐ That's the spirit!

Ⓑ What are you reading anyway?

Ⓐ Oh, ❸ <u>신간 소설을 읽고 있어요.</u> This is very entertaining.

Ⓑ Please tell me the story. I'm all ears.

3 Listening Challenge
지문을 듣고 빈칸을 채워 보세요.

Everybody is busy working in the office right now. *Jane* ❶ _____

_____ a report. She is very happy these days because she

❷ _____ married next month. *Tom* ❸ _____

his desk. *Mina* ❹ _____ coffee for everyone. My boss is

dozing off in his desk. ❺ _____ what everyone is doing.

4 Comprehension Skill
❸번 지문 내용에 관한 질문에 답해 보세요.

❶ What is *Mina* doing?

_____

❷ What is *Tom* doing?

_____

Answer Key

Exercise

1
- ❶ *Anna* is having[eating] breakfast.
- ❷ I am writing a report.
- ❸ He is watching a movie tonight.
- ❹ *John* is studying in the room.
- ❺ I am reading a novel these days.
- ❻ I am going downtown.
- ❼ He is drinking a cup of coffee.
- ❽ That's the spirit!
- ❾ This is very entertaining.
- ❿ I'm all ears.

2
- ❶ I'm writing a report.
- ❷ I'm meeting my girlfriend tonight.
- ❸ I'm reading a new novel.

3
Everybody is busy working in the office right now. *Jane* ❶ is writing a report. She is very happy these days because she ❷ is getting married next month. *Tom* ❸ is cleaning his desk. *Mina* ❹ is making coffee for everyone. My boss is dozing off in his desk. ❺ I'm watching what everyone is doing.

|해석| 지금 모두가 사무실에서 바쁘게 일하고 있습니다. 제인은 보고서를 작성하고 있어요. 그녀는 요즘 아주 행복한데, 다음 달에 결혼하기 때문이지요. 톰은 책상을 치우고 있습니다. 미나는 모두를 위해 커피를 만들고 있네요. 상사는 자리에서 졸고 있습니다. 저는 모든 사람이 무엇을 하고 있는지 지켜보고 있어요.

4
- ❶ *Mina* is making coffee for everyone.
- ❷ *Tom* is cleaning his desk.

DAY 9 **I'm writing a report.** **59**

DAY 10 | It's good.
좋아요.
▶▶▶ It과 형용사로 상태 묘사하기

Dialogue

 대화 연습하기

Ⓐ How is the project going?

Ⓑ **It's good.**

Ⓐ It's a tough project, right?

Ⓑ **It's not bad. It's easier** than I thought.

Ⓐ That's awesome. Keep up the good work.

Ⓑ Sure. Leave it to me.

Ⓐ 프로젝트는 어떻게 돼 가고 있나요?

Ⓑ 좋아요.

Ⓐ 힘든 프로젝트죠, 그렇죠?

Ⓑ 나쁘지 않아요. 생각했던 것보다 더 쉬워요.

Ⓐ 그거 참 잘됐네요. 계속 수고해요.

Ⓑ 그러죠. 저한테 맡기세요.

---

words tough 힘든, 고된   easier 더 쉬운   awesome 멋진, 훌륭한   keep up 계속하다, 유지하다

More to Know

▶ Keep up the good work. 계속 수고해요.
계속 열심히 일해 달라는 격려의 표현입니다.

▶ Leave it to me. 저한테 맡기세요.
동사 leave에는 '(책임을) 맡기다'라는 의미가 있어요. Leave it with me.라고 할 수도 있어요.

It is+형용사

〈주어+be동사〉 뒤에 오는 형용사는 주어의 상황, 상태, 기분을 나타냅니다. 인칭대명사 it은 앞에 언급된 주어나 문장을 대신하여 주어 역할을 합니다. 같은 단어를 반복하기를 꺼리는 영어의 특성 때문에 대명사 it이 일상 회화에서 주어로 자주 등장합니다.

It's good. 그거 좋아요.
It's nice. 좋네요.
It's easy. 그건 쉽죠.
It's awesome. 멋져요.
It's depressing. 우울해요.

인칭대명사 it은 비인칭 주어로도 사용되어 날씨, 시간, 계절, 거리, 명암 등을 나타냅니다. 이때 it은 해석할 필요가 없습니다.

It's cold. (날씨가) 춥네요.
It's hot. (날씨가) 더워요.
It's very far. 무척 멀어요.
It's dark. 어두워요.

[i] 다음의 [l] 발음 탈락

[i] 발음 다음에 l이 오면 발음이 거의 생략됩니다. [i]+l은 [얼] 또는 [이얼~]로 발음됩니다. 미국인들은 입을 크게 벌려 발음하기 때문에 생략되거나 축약되는 발음이 많습니다. [i] 발음에 받침 l이 오는 경우에는 입을 옆으로 벌린 [i]에 받침 발음 l을 넣기 힘들어 그냥 [이얼~]이라고 발음합니다. 때로는 아예 [i] 발음이 사라지기도 합니다.

deal [디이얼 / 디이어~]   feel [휘어얼 / 휘어어~]   film [f휘엄]   bill [비얼 / 비어~]
milk [미얼k]   oil [오열 / 오여~]   kill [키얼 / 키어~]   wild [와이어~]

1 Expression Review
빈칸에 알맞은 말을 넣어 영어 표현을 완성하세요.

❶ _____ easy. 그건 쉽죠.

❷ _____ difficult. 그건 어려워요.

❸ _____ cool. 날씨가 시원해요.

❹ _____ irritating. 짜증이 나요.

❺ _____ great. 아주 좋아요.

❻ _____ fast. 빠르네요.

❼ _____ bad. 나쁘지 않아요.

❽ _____ exciting. 신나요.

❾ _____. 계속 수고해요.

❿ _____. 저한테 맡기세요.

2 Speaking Quiz
대화문을 총정리하면서 한글 부분을 영어로 말해 보세요.

Ⓐ How is the project going?

Ⓑ ❶ 좋아요.

Ⓐ ❷ 힘든 프로젝트죠, right?

Ⓑ ❸ 나쁘지 않아요. 생각했던 것보다 더 쉬워요.

Ⓐ ❹ 그거 참 잘됐네요. Keep up the good work.

Ⓑ Sure. Leave it to me.

3 Listening Challenge 🎧03
지문을 듣고 빈칸을 채워 보세요.

I have much work these days. ❶ _____, but ❷

_____ to work late all the time. But new product launch

is coming soon. ❸ _____ that many people will come to

see our new products. ❹ _____.

4 Comprehension Skill
❸번 지문 내용에 관한 질문에 답해 보세요.

❶ What does the speaker complain about?

_____

❷ What does the speaker think about people coming to see new

products?

_____

1
- ❶ It's easy.
- ❷ It's difficult.
- ❸ It's cool.
- ❹ It's irritating.
- ❺ It's great.
- ❻ It's fast.
- ❼ It's not bad.
- ❽ It's exciting.
- ❾ Keep up the good work.
- ❿ Leave it to me.

2
- ❶ It's good.
- ❷ It's a tough project,
- ❸ It's not bad. It's easier than I thought.
- ❹ That's awesome.

3
I have much work these days. ❶ It is not bad, but ❷ it's tiring to work late all the time. But new product launch is coming soon. ❸ It's great that many people will come to see our new products. ❹ It's awesome.

|해석| 요즘은 일이 참 많다. 나쁘진 않지만 항상 늦게까지 일하는 건 피곤하다. 하지만 신제품 출시가 곧 다가온다. 많은 사람들이 우리의 신제품을 보러 온다는 것은 정말 좋다. 정말 멋지다.

4
- ❶ He says it's tiring to work late all the time.
- ❷ He thinks it's awesome.

3rd Week

DAY 11

It is a tough job.
힘든 일이지요.
▶▶▶ *It과 명사로 사물 묘사하기*

Dialogue

 01 대화 연습하기

Ⓐ What are you doing? **It's lunch time.**

Ⓑ I'm working on this project.

Ⓐ It is taking so long. **It is a tough job.**

Ⓑ Tell me about it. **It is a very difficult project.**

Ⓐ I know. **It's a headache.** Well, take it easy and good luck!

Ⓐ 뭐 하세요? 점심 시간이에요.

Ⓑ 이 프로젝트 작업을 하고 있어요.

Ⓐ 시간이 참 오래 걸리네요. 힘든 일이지요.

Ⓑ 그러게 말이에요. 아주 어려운 프로젝트예요.

Ⓐ 알아요. 골칫거리지요. 음. 쉬엄쉬엄 하시고 행운을 빌어요!

---

words ▶ work on ~에 대한 작업을 하다　　tough 힘든, 곤란한　　headache 두통, 골칫거리

More to Know

▶ It is taking so long. 시간이 참 오래 걸리네요.
  take long은 '시간이 오래 걸린다'라는 의미의 표현으로 사용됩니다.

▶ Tell me about it. 그러게 말이에요.
  상대의 말에 강한 동의를 할 때 사용하세요.

▶ Good luck. 행운을 빌어요.
  용기를 주는 응원의 표현으로 적절하지요.

▶ Take it easy. 쉬엄쉬엄 하세요.
  '쉬어 가며 해요. / 무리하지 말아요.'라는 의미의 표현이며 '안녕.'이라는 의미의 작별 인사로도 사용됩니다.

It이 이끄는 동격 구문

주어(A)	동사	관사	형용사	명사(B)
It	is	a	nice	job.
			difficult	project.
			beautiful	gift.
		an	interesting	game.

어떤 현상, 사물, 대상에 관해 A = B의 구조를 만들려면 be동사가 필요합니다.

A와 B가 같은 동격 구조라면 B에 A를 설명하는 명사를 넣으면 됩니다. A에 언급된 명사 대신 it을 사용할 수 있습니다. B안에 형용사를 붙여 명사를 상세하게 설명할 수 있습니다.

It은 굳이 '그것'이라고 해석하지 않아도 문맥상 의미가 통하게 됩니다. It is는 It's로 줄여서 사용하는 경우가 많습니다.

Language Tip   발음 익히기

장모음과 단모음

단모음 [u]는 [우]와 [어]의 중간 발음이며 장모음 [u:]는 [우]를 길게 힘을 주어 발음합니다.

단모음 [i]는 언뜻 [에]로 들리기도 하고 장모음 [i:]는 힘을 주면서 [이이]라고 발음합니다.

pull은 [펄]처럼 발음하고 pool은 모음이 두번 겹쳐 길게 [푸~울]이라고 발음합니다.

단모음	장모음
full [f훨]	fool [f후울]
live [(을)립]	leave [(을)리입]
look [(을)럭]	Luke [(을)루욱]

1 Expression Review
빈칸에 알맞은 말을 넣어 영어 표현을 완성하세요.

❶ _____ interesting show. 재미있는 쇼예요.

❷ _____ interesting topic. 흥미로운 주제군요.

❸ _____ happy family. 행복한 가족이네요.

❹ _____ welcoming place. 마음을 끄는 장소네요.

❺ _____ dark evening. 어두운 저녁이네요.

❻ _____ scary movie. 무서운 영화예요.

❼ _____ delicious hamburger. 맛있는 햄버거예요.

❽ _____ difficult assignment. 어려운 과제예요.

❾ _____. 시간이 참 오래 걸리네요.

❿ _____. 그러게 말이에요.

2 Speaking Quiz
대화문을 총정리하면서 한글 부분을 영어로 말해 보세요.

Ⓐ What are you doing? ❶ 점심 시간이에요.

Ⓑ I'm working on this project.

Ⓐ It is taking so long. ❷ 힘든 일이지요.

Ⓑ Tell me about it. ❸ 아주 어려운 프로젝트예요.

Ⓐ I know. ❹ 골칫거리지요. Well, take it easy and good luck!

3 Listening Challenge 🎧03

지문을 듣고 빈칸을 채워 보세요.

❶ _____ cold day. It's already 9 p.m. I'm spending so much time working on this project. ❷ _____ really tough project. But ❸ _____ very important project for the company. ❹ _____ working late. But I had a good meal at *Shanghai Noodles*. ❺ _____ very delicious Chinese restaurant. Oh, it's already time to go home.

4 Comprehension Skill

3번 지문 내용에 관한 질문에 답해 보세요.

❶ Tell me about the project.

_____

❷ What's the Chinese restaurant like?

_____

1
① It's an interesting show.
② It's an interesting topic.
③ It's a happy family.
④ It's a welcoming place.
⑤ It's a dark evening.
⑥ It's a scary movie.
⑦ It's a delicious hamburger.
⑧ It's a difficult assignment.
⑨ It is taking so long.
⑩ Tell me about it.

2
① It's lunch time.
② It is a tough job.
③ It is a very difficult project.
④ It's a headache.·

3
① It's a very cold day. It's already 9 p.m. I'm spending so much time working on this project. ② It's a really tough project. But ③ it is a very important project for the company. ④ It's terrible working late. But I had a good meal at *Shanghai Noodles*. ⑤ It's a very delicious Chinese restaurant. Oh, it's already time to go home.

|해석| 오늘은 아주 추운 날이다. 벌써 오후 9시다. 나는 이 프로젝트 작업을 하는 데 많은 시간을 보내고 있다. 정말 힘든 프로젝트이다. 하지만 회사로서는 매우 중요한 프로젝트이다. 늦게까지 일하는 것은 정말 싫다. 하지만 상하이누들스에서 맛있는 식사를 했다. 아주 맛있는 중국집이다. 아, 벌써 집에 갈 시간이다.

4
① It's a really tough project, but it is a very important project for the company.
② It's a very delicious Chinese restaurant.

It's very hot today.

오늘 무척 덥네요.

▶▶▶ *It으로 날씨와 기후에 대해 말하기*

Dialogue 대화 연습하기

Ⓐ **It's very hot today,** right?

Ⓑ Yes. **It's really humid,** too.

Ⓐ It is going to rain tomorrow.

Ⓑ Oh, it's already this time of the year.
This year's monsoon will begin soon.

Ⓐ **It is gloomy already**. I hate rain.

Ⓑ I don't mind it. It feels refreshing.

- -

Ⓐ 오늘 무척 덥네요, 그렇죠?

Ⓑ 네. 게다가 정말 습해요.

Ⓐ 내일 비가 올 거래요.

Ⓑ 아, 벌써 연중 이맘때가 됐군요. 올해 장마가 곧 시작될 거예요.

Ⓐ 벌써 잔뜩 흐려 있네요. 저는 비가 싫어요.

Ⓑ 저는 괜찮은데요. 상쾌한 느낌이 들어요.

- -

words humid 습한   monsoon 장마철(= rainy season)   gloomy 잔뜩 흐린   refreshing 상
쾌하게 하는

More to Know

▶ It's already this time of the year. 벌써 연중 이맘때가 됐군요.
this time of the year는 '1년 중 이맘때' 라는 의미입니다.

▶ I don't mind it. 나는 괜찮아요.
동사 mind는 '꺼리다, 신경 쓰다' 라는 뜻이니까 I don't mind it.은 '신경 쓰지 않는다, 괜찮
다' 라는 뜻이지요.

▶ It feels refreshing. 상쾌한 느낌이 들어요.
It feels 다음에 형용사를 붙여 갖가지 느낌을 말해 보세요.

Grammar Point

날씨를 나타내는 비인칭 주어 it

날씨나 기후를 말할 때는 비인칭 주어 it을 사용합니다.

비인칭 주어	be동사	날씨 형용사	시간 부사
It	is	sunny	today.
	was	windy	yesterday.

It was warm today. 오늘은 따뜻했다.

It was a little chilly at night. 밤에는 약간 쌀쌀했다.

It is really cold. 날씨가 정말 춥다.

today 같은 '때'를 나타내는 부사는 문장 끝에 오는 것이 일반적입니다.

a little, really 같은 '정도'를 나타내는 부사는 be동사 다음에 넣습니다.

〈be동사+형용사〉 대신 날씨를 나타내는 동사로 말할 수도 있어요.

It rained this morning. 오늘 아침에 비가 내렸다.

It was raining all day. 하루 종일 비가 내렸다.

Language Tip

날씨를 나타내는 형용사와 동사

형용사

warm 따뜻한	fine 화창한	breezy 산들바람이 부는
windy 바람이 센	dry 건조한	foggy 안개가 짙은
cloudy 흐린	humid 습기찬	(freezing) cold (얼어붙을 듯이) 추운
cool 시원한	chilly 쌀쌀한	(boiling) hot (찌는 듯이) 더운
muggy 무더운		

동사

pour 비가 퍼붓다	rain 비가 내리다	drizzle 이슬비가 내리다
brighten up 맑게 개다	snow 눈이 내리다	hail 우박이 내리다

1 Expression Review

빈칸에 알맞은 말을 넣어 영어 표현을 완성하세요.

❶ _____ windy yesterday. 어제는 바람이 불었어요.

❷ _____ chilly today. 오늘은 쌀쌀해요.

❸ _____ breezy today. 오늘은 바람이 상쾌하게 불어요.

❹ _____ foggy. 안개까 끼어 있어요.

❺ _____ cold yesterday in *Seoul*. 어제 서울은 정말 추웠어요.

❻ _____ fine today. 오늘은 날씨가 좋아요.

❼ _____ gloomy yesterday. 어제는 잔뜩 찌푸린 날씨였어요.

❽ _____ . 벌써 연중 이맘때가 됐군요.

❾ _____ . 저는 괜찮아요.

❿ _____ . 상쾌한 느낌이 들어요.

2 Speaking Quiz

대화문을 총정리하면서 한글 부분을 영어로 말해 보세요.

Ⓐ ❶ <u>오늘 무척 덥네요.</u> right?

Ⓑ Yes. ❷ <u>게다가 정말 습해요.</u>

Ⓐ It is going to rain tomorrow.

Ⓑ Oh, it's already this time of the year. This year's monsoon will begin soon.

Ⓐ ❸ <u>벌써 잔뜩 흐려 있네요.</u> I hate rain.

Ⓑ I don't mind it. It feels refreshing.

3 Listening Challenge 🎧 03

지문을 듣고 빈칸을 채워 보세요.

I like winter. ❶ _____ snowing all day yesterday. It was difficult

to walk around in snow. The streets were really slippery. ❷ _____

freezing cold today. The sky is very dark. ❸ _____.

I think it will snow again. I want to call it a day early.

4 Comprehension Skill

③번 지문 내용에 관한 질문에 답해 보세요.

❶ What was the weather like yesterday?

_____

❷ What is the weather like today?

_____

1
❶ It was windy yesterday.
❷ It is chilly today.
❸ It is breezy today.
❹ It is foggy.
❺ It was really cold yesterday in *Seoul*.
❻ It's fine today.
❼ It was gloomy yesterday.
❽ It's already this time of the year.
❾ I don't mind it.
❿ It feels refreshing.

2
❶ It's very hot today,
❷ It's really humid, too.
❸ It is gloomy already.

3
I like winter. ❶ It was snowing all day yesterday. It was difficult to walk around in snow. The streets were really slippery. ❷ It is freezing cold today. The sky is very dark. ❸ It is very gloomy. I think it will snow again. I want to call it a day early.

|해석| 나는 겨울을 좋아한다. 어제는 하루 종일 눈이 내렸다. 눈 속에서 걸어 다니가 어려웠다. 거리들이 정말 미끄러웠다. 오늘은 얼어붙을 듯이 춥다. 하늘이 어둡다. 날이 잔뜩 찌푸려 있다. 또 눈이 올 것 같다. 오늘은 일찍 일을 끝내고 싶다.

4
❶ It was snowing all day yesterday.
❷ It is freezing cold today.

DAY 13 · I don't like presentations.

저는 프레젠테이션이 싫어요.

▶▶▶ *I don't like로 좋아하지 않는 것을 말하기*

Dialogue

 대화 연습하기

Ⓐ What are you doing?

Ⓑ I am working on my presentation.

Ⓐ Oh, **I don't like presentations.** I get nervous.

Ⓑ **You don't look nervous.** You are good at public speaking.

Ⓐ Well, my boss makes me do that. **He doesn't do his work.**

Ⓑ I see.

Ⓐ 뭐 해요?

Ⓑ 프레젠테이션 준비 중이에요.

Ⓐ 아, 저는 프레젠테이션이 싫어요. 긴장하게 되거든요.

Ⓑ 당신은 긴장하는 것처럼 보이지 않아요. 대중 연설을
잘하시잖아요.

Ⓐ 글쎄요, 제 상사가 시켜서 그렇게 하는 거죠. 그분은
자기 일을 안 해요.

Ⓑ 알겠어요.

----

words presentation 프레젠테이션, 발표   boss 상사   public speaking 대중 연설

More to Know

▶ I get nervous. 긴장하게 되거든요.
  get nervous는 '긴장하게 되다, 떨리다' 라는 뜻이에요.

▶ You are good at public speaking. 대중 연설을 잘하시잖아요.
  be good at은 '~에 능하다, 잘하다' 라는 뜻이에요.

▶ My boss makes me do that. 제 상사가 제게 그 일을 시켜요.
  make는 사역동사로 '~하게 하다, 시키다' 라는 뜻이랍니다.

현재 시제 일반동사의 부정문

현재 시제 일반동사의 부정문은 동사 앞에 do/does not을 붙여 만듭니다.

I/You/We/They	+ do not (don't)	+ 본동사
I/You/We/They	do not	drink beer.

He/She/It	+ does not (doesn't)	+ 본동사
He/She	does not	drink beer.
It		rain.

3인칭 단수 현재 시제에서 does를 붙여 부정형을 만들 때는 동사에 이중으로 -s를 붙이지 않습니다. 조동사 뒤에는 항상 동사의 원형이 와야 합니다.

She does not drink̲s̲ beer. (×)

do not은 don't로 does not은 doesn't로 줄여 사용해요.

I don't eat meat. 저는 고기를 먹지 않아요.
He doesn't eat meat. 그는 고기를 먹지 않아요.
Lucy doesn't have a car. 루시는 차가 없어요.
We don't have a car. 우리는 차가 없어요.

*don't / doesn't*의 발음

부정문에서는 동사보다 조동사인 don't, doesn't에 강세를 주어 말합니다.
끝소리 [t]는 너무 강하게 [트]라고 발음하지 말고 앞 단어의 받침소리 [ㅌ]로 살짝 발음하세요.

doesn't [더즌트] (X) → [더즌ㅌ] (O)
don't [돈트] (X) → [도운ㅌ] (O)

1 Expression Review

빈칸에 알맞은 말을 넣어 영어 표현을 완성하세요.

❶ _____ like Minho.   저는 민호 씨가 싫어요.

❷ Jesse _____ like coffee.   제시는 커피를 좋아하지 않아요.

❸ _____ speak English.   그녀는 영어를 못해요.

❹ _____ have breakfast.   저는 아침을 안 먹어요.

❺ _____ like you.   그들은 당신을 좋아하지 않아요.

❻ _____ eat meat.   우리는 고기를 먹지 않아요.

❼ _____ doesn't cook.   우리 엄마는 요리를 안 해요.

❽ _____.   긴장하게 되거든요.

❾ _____.   제 상사가 제게 그 일을 시켜요.

❿ _____.   대중 연설을 잘하시잖아요.

2 Speaking Quiz

대화문을 총정리하면서 한글 부분을 영어로 말해 보세요.

Ⓐ What are you doing?

Ⓑ I am working on my presentation.

Ⓐ Oh, ❶ 저는 프레젠테이션이 싫어요. I get nervous.

Ⓑ ❷ 당신은 긴장하는 것처럼 보이지 않아요. You are good at public speaking.

Ⓐ Well, my boss makes me do that. ❸ 그분은 자기 일을 안 해요.

Ⓑ I see.

3 Listening Challenge

지문을 듣고 빈칸을 채워 보세요.

This is Mr. *Choi*'s diary:

❶ _____ up early. ❷ _____ cook for me.

So ❸ _____ breakfast every morning. ❹ _____ have a

car. So I take the bus to work. ❺ _____ have much money, so

I usually have lunch at the company's cafeteria. I don't enjoy my

job. I think ❻ _____ like me. I want to be happy

again.

4 Comprehension Skill

❸번 지문 내용에 관한 질문에 답해 보세요.

❶ Why doesn't Mr. *Choi* have breakfast?

_____

❷ Why does he take the bus to work?

_____

❸ Does he enjoy his job?

_____

1
❶ I don't like *Minho*.
❷ *Jesse* doesn't like coffee.
❸ She doesn't speak English.
❹ I don't have breakfast.
❺ They don't like you.
❻ We don't eat meat.
❼ My mom doesn't cook.
❽ I get nervous.
❾ My boss makes me do that.
❿ You are good at public speaking.

2
❶ I don't like presentation.
❷ You don't look nervous.
❸ He doesn't do his work.

3 This is Mr. *Choi's* diary:
❶ I don't get up early. ❷ My wife doesn't cook for me. So ❸ I don't have breakfast every morning. ❹ I don't have a car. So I take the bus to work. ❺ I don't have much money, so I usually have lunch at the company's cafeteria. I don't enjoy my job. I think ❻ my colleagues don't like me. I want to be happy again.

|해석| 이것은 최 씨의 일기입니다.
나는 일찍 일어나지 않는다. 아내는 나를 위해 음식을 만들지 않는다. 그래서 나는 매일 아침을 먹지 않는다. 나는 차가 없다. 그래서 버스를 타고 출근한다. 나는 돈이 별로 없어서 대개 회사 구내식당에서 점심을 먹는다. 나는 내 일을 즐기지 않는다. 동료들이 날 좋아하는 것 같지 않다. 다시 행복해지고 싶다.

4
❶ His wife doesn't cook for him.
❷ It is because he doesn't have a car.
❸ No, he doesn't enjoy his job.

Dialogue

 대화 연습하기

Ⓐ Mr. *Wang*, here is my proposal.

Ⓑ Thanks for finishing this on time.

Ⓐ How does it look?

Ⓑ **It looks good. It looks like you spent a lot of time on it.**

Ⓐ Yes. Glad you like it.

Ⓑ **It looks well-organized.** You nailed it!

Ⓐ 왕 이사님, 여기 제 제안서입니다.

Ⓑ 제때에 끝내 줘서 고마워요.

Ⓐ 보시기에 어때요?

Ⓑ 좋아 보이네요. 많은 시간을 들인 것처럼 보이는군요.

Ⓐ 네. 마음에 드신다니 기쁘네요.

Ⓑ 잘 정리된 것처럼 보여요. 완벽해요!

words proposal 제안서   on time 정시에, 제때에   well-organized 잘 정리된

More to Know

▶ How does it look? 어때 보여요?
무엇인가 상대방의 의견을 구할 때 적절한 표현이지요. 완성된 일이 어때 보이는지 조언을 구할 때 사용해 보세요.

▶ Glad you like it. 마음에 드신다니 기쁘네요.
I'm glad you like it.에서 I'm을 생략한 문장입니다. 상대가 어떤 것을 마음에 들어 할 때 기쁘다는 표현으로 적절해요.

▶ You nailed it! 완벽하게 했군요!
상대가 한 일을 칭찬해 주거나 잘했다고 인정해 줄 때 쓰는 표현입니다. You did a good job! 과 같은 뜻으로 사용해요.

It looks와 It looks like

look은 보어를 필요로 하는 감각동사입니다. look은 보어로 형용사를 취합니다.
look like 뒤에는 명사나 명사절이 올 수 있어요.

You look sad. 슬퍼 보여요.
You look like you're in a good mood. 기분이 좋아 보여요.

무엇인가 평가를 내리거나 '~해 보인다'라고 할 때 〈It looks＋형용사〉를 사용합니다.
'~인 것처럼 보인다'라고 하려면 〈It looks like＋명사/문장〉을 사용합니다.

주어	지각동사	형용사 / 명사(절)
It	looks ~해 보인다	delicious. 맛있는 great. 좋은 nice. 훌륭한
It	looks like ~처럼 보인다	a proposal. 제안서 a difficult project. 어려운 프로젝트 you really like it. 그것을 정말 좋아하는 것 you nailed it. 완벽하게 한 것

회사 이름 뒤에 붙는 Corp., Ltd., Inc.

Corp.(corporation)은 주식회사(법인)를 의미합니다. 모든 주식회사는 유한책임회사입니다. 각 주주는 자신이 소유한 지분만큼 회사에 책임을 진다는 뜻이죠. 이를 미국에서는 Corp. 또는 Inc.(incorporated)로 표현하며 영국에서는 Ltd.(limited)로 표현합니다.

영국에서는 Ltd. 이외에 주식 시장에 상장되었음(enlisted)을 강조하여 Plc.(public limited company)를 쓰기도 해요. Ltd.의 경우 상장하지 않았을 수도 있지만 Plc.는 100% 상장한 회사를 의미하지요.

1 Expression Review

빈칸에 알맞은 말을 넣어 영어 표현을 완성하세요.

❶ _____ delicious. 그것은 맛있어 보이네요.

❷ _____ organized. 당신의 보고서는 정리되어 보이네요.

❸ _____ a stone. 그것은 돌처럼 보여요.

❹ _____ water. 그것은 물처럼 보여요.

❺ _____ good. 그것은 좋아 보여요.

❻ _____ a difficult task. 그것은 어려운 작업처럼 보여요.

❼ How _____? 보시기에 어때요?

❽ _____. 맘에 드신다니 기쁘네요.

❾ _____! 완벽하게 했군요!

❿ _____ interesting. 재미있어 보여요.

2 Speaking Quiz

대화문을 총정리하면서 한글 부분을 영어로 말해 보세요.

Ⓐ Mr. *Wang*, here is my proposal.

Ⓑ Thanks for finishing this on time.

Ⓐ How does it look?

Ⓑ ❶ 좋아 보이네요. ❷ 많은 시간을 들인 것처럼 보이는군요.

Ⓐ Yes. Glad you like it.

Ⓑ ❸ 잘 정리된 것처럼 보여요. You nailed it!

3 Listening Challenge 🎧02

지문을 듣고 빈칸을 채워 보세요.

Now it is 3 p.m. Everyone ❶ _____ sleepy in the office. It ❷ _____ they had a big lunch. It ❸ _____ outside. ❹ _____ very peaceful inside the office. Then telephones start ringing all of sudden here and there. ❺ _____ we are getting busy again.

4 Comprehension Skill

❸번 지문 내용에 관한 질문에 답해 보세요.

❶ How does everyone look in the office?

_____

❷ How does the office look inside?

_____

1
1. It looks delicious.
2. Your report looks organized.
3. It looks like a stone.
4. It looks like water.
5. It looks good.
6. It looks like a difficult task.
7. How does it look?
8. Glad you like it.
9. You nailed it!
10. It looks interesting.

2
1. It looks good.
2. It looks like you spent a lot of time on it.
3. It looks well-organized.

3
Now it is 3 p.m. Everyone **1** looks sleepy in the office. It **2** looks like they had a big lunch. It **3** looks rainy outside. **4** It looks very peaceful inside the office. Then telephones start ringing all of sudden here and there. **5** It looks like we are getting busy again.

|해석| 지금은 오후 3시입니다. 사무실에 있는 모든 사람이 졸려 보입니다. 모두 점심을 잔뜩 먹은 것처럼 보이네요. 밖에는 비가 오는 것처럼 보여요. 사무실 안은 아주 평온해 보입니다. 그때 갑자기 여기저기서 전화벨이 울리기 시작합니다. 우리가 다시 바빠질 것처럼 보입니다.

4
1. Everyone looks sleepy in the office.
2. It looks very peaceful inside the office.

I am ready for the meeting.

회의 준비가 됐어요.

▶▶▶ *be ready로 준비된 상태 알려 주기*

Dialogue 대화 연습하기

Ⓐ Where were you?

Ⓑ I was working on today's meeting agenda.

Ⓐ **Are you ready to present?**

Ⓑ **Yes, I am ready for the meeting.**

Ⓐ Good. **We are ready for everything.**

Ⓑ Let's get inside. We are running late.

- -

Ⓐ 어디에 있었나요?

Ⓑ 오늘 회의 안건을 작성 중이었어요.

Ⓐ 발표할 준비가 됐나요?

Ⓑ 네, 회의 준비가 됐어요.

Ⓐ 좋아요. 우리는 모두 준비됐어요.

Ⓑ 들어갑시다. 늦겠어요.

words meeting agenda 회의 안건   present 발표하다   run late 늦어지다

More to Know

▶ Where were you? 어디에 있었나요?
찾아도 보이지 않던 사람에게 '어디에 있었나요?'라고 물으려면 간단하게 Where were you? 라고 말해 보세요.

▶ Let's get inside. 안으로 들어갑시다.
급하게 이동하는 경우 빨리 들어가자고 재촉하거나 권유할 때 적절한 표현이에요.

▶ We are running late. 늦겠어요.
We are late.는 확실하게 '늦었어요.'라는 의미인 반면에 We are running late.은 '(서두르지 않으면) 늦겠어요.'라는 의미입니다.

Grammar Point 문법 이야기

⟨be ready for/to⟩ 구문

준비되었다고 확인시켜 줄 때는 ⟨be ready for+명사⟩ 또는 ⟨be ready to+동사원형⟩을 사용하세요. 의문문을 만들 경우에는 주어 앞으로 be동사를 이동시키면 됩니다.

주어	be동사		명사
I	am		the presentation.
He/She/It/*Jane*/*David*	is	ready for	everything.
You/We/They/People	are		the show.

I am ready for the exam.
시험 준비가 됐어요.

We are ready for the presentation.
우리는 발표 준비가 됐어요.

Are you ready to present?
발표할 준비가 됐나요?

Language Tip 발음 익히기

[q]와 [k] 발음

[q] 발음은 무조건 [쿠]로 시작합니다. 입술을 오므려 앞으로 내민 후 [쿠]라고 발음합니다. 모든 [q] 발음을 일단 [쿠]로 시작하면 발음하기가 한결 수월해집니다. 그러니까 quiz는 [퀴즈]가 아니라 [쿠이즈], queen은 [퀸]이 아니라 [쿠인]이라고 발음해야죠.

quick [쿠익]　　　quiet [쿠아이엍]　　　quite [쿠아잇]　　　question [쿠에스쳔]

[k] 발음은 목 안의 깊은 곳에서 나오는 [크]에 가깝습니다. 그냥 [크]가 아니라 혀 뒷부분으로 입천장을 막고 목에 공기를 모은 다음 바깥으로 한순간에 터뜨리면서 내는 소리랍니다. 그러니까 턱을 약간 안쪽으로 잡아당겨 [크] 소리를 내는 것이지요. 마치 침을 뱉기 전이라고 생각하고 발음하면 됩니다. 그러니까 [윽] 소리를 내는 입 모양으로 시작해 보세요.

killer [(윽)킬러 r]　　　Korea [(윽)크오뤼어]　　　kiss [(윽)키쓰]　　　kin [(윽)킨]

1 Expression Review

빈칸에 알맞은 말을 넣어 영어 표현을 완성하세요.

❶ _____ to go. 갈 준비가 됐어요.

❷ _____ to leave. 그녀는 떠날 준비가 되었습니다.

❸ _____ to present? 발표할 준비가 됐나요?

❹ _____ for the exam. 시험 준비가 됐어요.

❺ _____ for everything. 우리는 모두 준비됐어요.

❻ _____ to lead people. 당신은 사람들을 이끌 준비가 됐어요.

❼ _____ to talk with me? 그는 나와 이야기할 준비가 됐나요?

❽ _____? 어디에 있었나요?

❾ _____. 들어갑시다.

❿ _____. 우리가 늦겠어요.

2 Speaking Quiz

대화문을 총정리하면서 한글 부분을 영어로 말해 보세요.

Ⓐ Where were you?

Ⓑ I was working on today's meeting agenda.

Ⓐ ❶ 발표할 준비가 됐나요?

Ⓑ Yes, ❷ 회의 준비가 됐어요.

Ⓐ Good. ❸ <u>우리는 모두 준비됐어요.</u>

Ⓑ Let's get inside. We are running late.

3 Listening Challenge 🎧03
지문을 듣고 빈칸을 채워 보세요.

Mr. *Kim* is a hardworking man. He is diligent and passionate.

❶ _____ to answer any questions. ❷ _____

_____ present his project. His colleagues

❸ _____ help him. ❹ _____ a

promotion. Everyone in his office is happy to work with him.

4 Comprehension Skill
❸번 지문 내용에 관한 질문에 답해 보세요.

❶ Is Mr. *Kim* ready for a promotion?

_____

❷ What are his colleagues ready to do?

_____

1
- ❶ I'm ready to go.
- ❷ She is ready to leave.
- ❸ Are you ready to present?
- ❹ I am ready for the exam.
- ❺ We are ready for everything.
- ❻ You are ready to lead people.
- ❼ Is he ready to talk with me?
- ❽ Where were you?
- ❾ Let's get inside.
- ❿ We are running late.

2
- ❶ Are you ready to present?
- ❷ I am ready for the meeting.
- ❸ We are ready for everything.

3
Mr. *Kim* is a hardworking man. He is diligent and passionate. ❶ He is ready to answer any questions. ❷ He is always ready to present his project. His colleagues ❸ are ready to help him. ❹ He is ready for a promotion. Everyone in his office is happy to work with him.

|해석| 김 씨는 열심히 일하는 사람입니다. 그는 근면하고 열정이 넘쳐요. 그는 어떤 질문에도 답할 준비가 되어 있어요. 그는 언제나 자신의 프로젝트를 발표할 준비가 되어 있어요. 그의 동료들은 그를 도울 준비가 되어 있어요. 그는 승진할 준비가 되어 있어요. 사무실의 모든 사람들이 그와 함께 일하는 것을 기뻐합니다.

4
- ❶ Yes. He is ready for a promotion.
- ❷ His colleagues are ready to help him.

4th Week

DAY 16

You must be hungry.

배고프시겠어요.

▶▶▶ 조동사 must로 확신하며 말하기

Dialogue

 대화 연습하기

- Ⓐ **You must be Dr. *Leo Sandel*?**
- Ⓑ Yes, I am. **You must be *Jinsoo Lee*?**
- Ⓐ Welcome to *Korea*. It's an honor to meet you.
- Ⓑ Thanks for inviting us.
- Ⓐ How was the flight? **You must be tired.**
- Ⓑ Not too bad. I slept through it.
- Ⓐ **You must be hungry, then.** Let's have lunch first.

- Ⓐ 레오 샌델 박사님이시죠?
- Ⓑ 네, 접니다. 이진수 씨이시죠?
- Ⓐ 한국에 오신 걸 환영합니다. 뵙게 되어 영광입니다.
- Ⓑ 초대해 주셔서 감사합니다.
- Ⓐ 비행은 어떠셨어요? 피곤하시겠어요.
- Ⓑ 별로 나쁘지 않았습니다. 그동안 내내 잤어요.
- Ⓐ 그럼 배고프시겠어요. 먼저 점심 식사부터 하시죠.

---

words honor 영광   borrow 초대하다   flight 비행   sleep through ~ 동안 내내 자다

More to Know

▶ It's an honor to meet you. 뵙게 되어 영광입니다.
격식을 차린 첫인사를 할 때는 honor라는 표현을 씁니다.

▶ How was the flight? 비행은 어떠셨어요?
공항에 마중 나간 사람을 만났을 때 첫인사를 이렇게 시작하지요.

▶ Not too bad. 별로 나쁘지 않았어요.
'별로 나쁘지 않다, 괜찮다' 라는 의미로 Not (too) bad.라고 말합니다.

조동사 must

조동사 must는 '~해야만 한다' 라는 강제의 의미뿐 아니라 회화체에서 '~임에 틀림없다' 라는 강한 확신의 의미로도 많이 쓰입니다. 처음 만나는 사람에게 '~ 씨이시죠?' 라고 확신하며 말할 때도 You are ~?라고 말하기보다는 You must be ~?라고 묻는 것이 일반적입니다.

강한 확신의 느낌으로 must를 사용할 때는 어떤 동작(동사)보다는 상태(형용사, 명사)에 관한 추측이 많기 때문에 주로 must be 형식으로 be동사가 동반되는 경우가 많습니다.

주어	조동사+be	형용사/명사
You/They/He/She/It/ We/*Daniel*/*Jane*	must be	tired. single. cold. happy. a teacher. a visitor.

You must be a good swimmer. 수영 잘하시나 봐요.
You must be proud of your son. 아드님이 대견하시겠어요.

[b]와 [v] 발음

[b] 발음은 성대가 울리는 유성음으로 입술을 붙였다가 터트리면서 내는 소리입니다. 마치 [읍]이라고 발음할 때와 비슷한 입 모양으로 바로 [b] 소리를 내면 됩니다. [b]를 너무 강하게 [쁘]로 발음하지 않도록 주의하세요.

best [(읍)베슷]　　　boy [(읍)보이]　　　baby [(읍)베이비]
bill [(읍)비얼]　　　bowl [(읍)보울]　　　base [(읍)베이쓰]

[v] 발음은 토끼 이빨처럼 윗니를 아랫입술에 댄 다음, 아랫입술을 바깥으로 밀어내면서 내는 소리입니다.

vase [붸이쓰]　　　violin [바이얼린]　　　very [붸뤼]　　　vacation [붸케이션]

1 Expression Review

빈칸에 알맞은 말을 넣어 영어 표현을 완성하세요.

❶ _____ Dr. *Lee*? 이 박사님이시죠?

❷ _____ *James*? 제임스 씨이시죠?

❸ _____ tired. 피곤하시겠어요.

❹ _____ single. 그는 독신인 게 분명해요.

❺ _____ late. 그들은 늦는 게 분명해요.

❻ _____ sick. 그녀가 아픈 게 분명해요.

❼ _____. 뵙게 되어 영광입니다.

❽ _____? 비행은 어떠셨어요?

❾ _____. 별로 나쁘지 않았습니다.

❿ _____. 그동안 내내 잤어요.

2 Speaking Quiz

대화문을 총정리하면서 한글 부분을 영어로 말해 보세요.

Ⓐ ❶ 레오 샌델 박사님이시죠?

Ⓑ Yes, I am. ❷ 이진수 씨이시죠?

Ⓐ Welcome to *Korea*. It's an honor to meet you.

Ⓑ Thanks for inviting us.

Ⓐ How was the flight? ❸ 피곤하시겠어요.

Ⓑ Not too bad. I slept through it.

Ⓐ ❹ 그럼 배고프시겠어요. Let's have lunch first.

3 Listening Challenge

지문을 듣고 빈칸을 채워 보세요.

I'm at the airport. I see many people. ❶ _____ very

busy. I'm waiting for Dr. *Leo Sandel*. He is coming to *Seoul* from

Chicago. There he is. ❷ _____ Dr. *Sandel*. He is in his

late fifties. He has silver hair. He is very tall. I should go say hello.

❸ _____ really tired. ❹ _____ hungry, too.

4 Comprehension Skill

❸번 지문 내용에 관한 질문에 답해 보세요.

❶ What can you guess about people in the airport?

_____

❷ What can you guess about Dr. *Sandel's* feellnys?

_____

1
- ❶ You must be Dr. *Lee*?
- ❷ You must be *James*?
- ❸ You must be tired.
- ❹ He must be single.
- ❺ They must be late.
- ❻ She must be sick.
- ❼ It's an honor to meet you.
- ❽ How was the flight?
- ❾ Not too bad.
- ❿ I slept through it.

2
- ❶ You must be Dr. *Leo Sandel*?
- ❷ You must be *Jinsoo Lee*?
- ❸ You must be tired.
- ❹ You must be hungry, then.

3
I'm at the airport. I see many people. ❶ They must be very busy. I'm waiting for Dr. *Leo Sandel*. He is coming to *Seoul* from *Chicago*. There he is. ❷ He must be Dr. *Sandel*. He is in his late fifties. He has silver hair. He is very tall. I should go say hello. ❸ He must be really tired. ❹ He must be hungry, too.

|해석| 나는 공항에 있다. 많은 사람들이 보인다. 그들은 매우 바쁜 것이 틀림없다. 나는 레오 샌델 박사를 기다리고 있다. 그는 시카고에서 서울로 오고 있다. 저기 그가 있다. 그는 틀림없이 샌델 박사일 것이다. 그는 50대 후반이다. 그는 은발이고 아주 키가 크다. 나는 가서 인사해야 한다. 그는 정말 피곤할 것이다. 배도 고플 것이다.

4
- ❶ They must be very busy.
- ❷ He must be really tired. He must be hungry, too.

I will be busy with my project.
저는 프로젝트로 바쁠 겁니다.
▶▶▶ 조동사 will로 앞으로의 계획을 알려 주기

Dialogue 대화 연습하기

Ⓐ What is your plan?

Ⓑ **I will meet a VIP client next Wednesday. I will meet him in the *Busan* branch.**

Ⓐ **I will be busy with my project.**

Ⓑ When is it due?

Ⓐ **I will finish the project by next week.**

Ⓑ **This will be a busy day for us.**

Ⓐ You bet.

Ⓐ 당신은 어떤 계획이 있나요?

Ⓑ 다음 주 수요일에 VIP 고객 한 명을 만날 거예요.
부산 지점에서 그를 만날 겁니다.

Ⓐ 저는 프로젝트로 바쁠 겁니다.

Ⓑ 마감일이 언제죠?

Ⓐ 다음 주까지 그 프로젝트를 끝낼 겁니다.

Ⓑ 우리에게 바쁜 날이 되겠군요.

Ⓐ 물론이죠.

words VIP (=very important person) 매우 중요한 사람   due 완료 예정인

More to Know

▶ **What's your plan?** 당신은 어떤 계획이 있나요?
일정이나 계획을 물어볼 때 유용한 표현입니다.

▶ **When is it due?** 마감일이 언제죠?
'마감일'을 의미하는 due date를 사용해 When is the due date?라고 물어볼 수도 있어요.

▶ **You bet.** 물론이죠./당연하지요.
내기를 해도 자신 있을 정도로 틀림없다는 의미의 표현입니다.

조동사 will

1인칭인 I/We를 주어로 '~할 것이다'라는 의지를 나타내거나 계획을 말할 때 조동사 will을 사용합니다. 다른 명사가 주어일 때는 단순한 미래의 예정을 나타냅니다.

주어	조동사	동사원형(+목적어)
I/You/He/She/It/ They/Dave/Jane/We	will	go to Busan tomorrow. stay here. call a taxi. finish the project on time.

I will meet him in the Busan branch.
부산 지점에서 그를 만날 겁니다.

I will be busy with my project.
저는 프로젝트로 바쁠 겁니다.

This will be a busy day for us.
우리에게 바쁜 날이 되겠군요.

조동사 will의 축약

조동사 will은 구어체 문장에서 대개 주어와 축약되어 하나로 발음됩니다.

I will [아이 (우)윌] → I'll [아일] 또는 [알]
He will [히 (우)윌] → He'll [히일] 또는 [힐]
She will [쉬 (우)윌] → She'll [쉬일] 또는 [쉴]
They will [데이 (우)윌] → They'll [데을] 또는 [델]

부정형인 will not은 won't로 축약되어 발음은 [(우)온트]가 됩니다. 끝의 [t] 발음은 받침 소리로 살짝 [ㅌ] 소리를 내면 됩니다.

많은 분들이 want to와 won't의 발음 차이를 궁금해 하는데요. want to는 [(우)완트]로 들립니다. want to는 주로 wanna로 축약되어 [(우)와나]로 들리기도 해요.

반복 연습을 통해 발음 차이를 익혀 보세요.

Exercise

1 Expression Review
빈칸에 알맞은 말을 넣어 영어 표현을 완성하세요.

❶ _____ here soon.   그들이 곧 여기 올 겁니다.

❷ _____ report this.   그녀가 이 내용을 보고할 겁니다.

❸ _____ busy with the project.   그는 프로젝트로 바쁠 겁니다.

❹ _____ ____ a client next Wednesday.

다음 주 수요일에 고객 한 명을 만날 거예요.

❺ _____ meet him in *Hong Kong*.   홍콩에서 그를 만날 겁니다.

❻ _____ the project by next week.

다음 주까지 그 프로젝트를 끝낼 겁니다.

❼ _____ be a busy day for us.   우리에게 바쁜 날이 되겠군요.

❽ _____?   당신은 어떤 계획이 있나요?

❾ _____?   마감일이 언제죠?

❿ _____ .   물론이죠.

2 Speaking Quiz
대화문을 총정리하면서 한글 부분을 영어로 말해 보세요.

Ⓐ What is your plan?

Ⓑ ❶ 다음 주 수요일에 VIP 고객 한 명을 만날 거예요. 부산 지점에서 그를 만날 겁니다.

Ⓐ ❷ 저는 프로젝트로 바쁠 겁니다.

ⓑ When is it due?

ⓐ ❸ 다음 주까지 그 프로젝트를 끝낼 겁니다.

ⓑ ❹ 우리에게 바쁜 날이 되겠군요.

ⓐ You bet.

3 Listening Challenge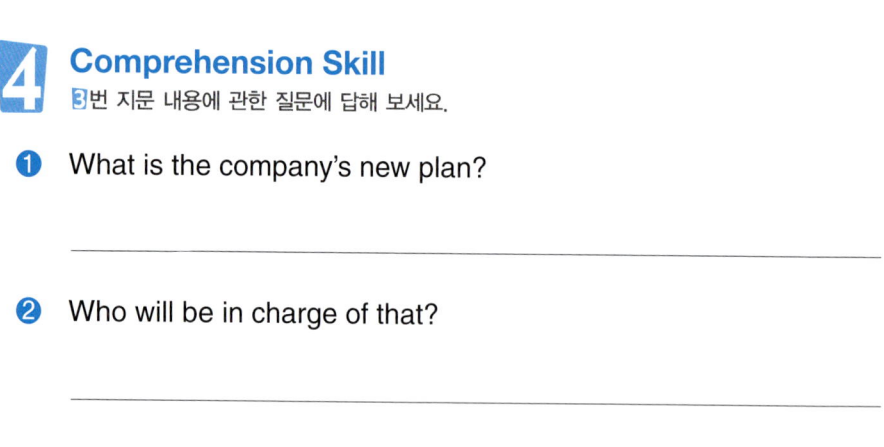
지문을 듣고 빈칸을 채워 보세요.

Hello. My name is *Minsoo Kim* with *Korea Construction*. We have a new plan. ❶ _____ build a new factory. ❷ _____ in charge of that. ❸ _____ hire more workers. ❹ _____ very busy from next year.

4 Comprehension Skill
❸번 지문 내용에 관한 질문에 답해 보세요.

❶ What is the company's new plan?

_____

❷ Who will be in charge of that?

_____

1
  ❶ They will be here soon.
  ❷ She will report this.
  ❸ He will be busy with the project.
  ❹ I will meet a client next Wednesday.
  ❺ I will meet him in *Hong Kong*.
  ❻ I will finish the project by next week.
  ❼ This will be a busy day for us.
  ❽ What's your plan?
  ❾ When is it due?
  ❿ You bet.

2
  ❶ I will meet a VIP client next Wednesday. I will meet him in the *Busan* branch.
  ❷ I will be busy with my project.
  ❸ I will finish the project by next week.
  ❹ This will be a busy day for us.

3
  Hello. My name is *Minsoo Kim* with *Korea Construction*. We have a new plan. ❶ Our company will build a new factory. ❷ I will be in charge of that. ❸ We will hire more workers. ❹ We will be very busy from next year.

  |해석| 안녕하세요. 저는 한국 건설의 김민수입니다. 우리는 새로운 계획이 있습니다. 우리 회사는 새로운 공장을 세울 것입니다. 제가 그 일을 담당하게 될 것입니다. 우리는 더 많은 직원들을 채용할 것입니다. 내년부터 우리는 매우 바빠질 것입니다.

4
  ❶ The company will build a new factory.
  ❷ *Minsoo Kim* will be in charge of that.

DAY 18 | I am going to call our guests.

우리 손님들에게 전화할 예정입니다.

▶▶▶ be going to로 앞으로의 계획을 알려 주기

Dialogue

 대화 연습하기

Ⓐ Are we ready for tomorrow's event?

Ⓑ **I'm going to call our guests after lunch.**

Ⓐ **I'm going to set up the conference room.**

Ⓑ We are all set, then.

Ⓐ Oh, I almost forgot. **I'm going to get some refreshments.**

Ⓑ Get something easy to eat.

Ⓐ And several kinds of beverages.

Ⓑ OK, that will do.

- -

Ⓐ 우리가 내일 행사에 준비가 되어 있나요?

Ⓑ 제가 점심 후에 우리 손님들에게 전화할 예정입니다.

Ⓐ 저는 회의실을 세팅할 예정입니다.

Ⓑ 그럼 우리는 모두 준비됐네요.

Ⓐ 아, 잊을 뻔했네요. 제가 다과를 사 올 예정이에요.

Ⓑ 먹기 쉬운 것으로 사세요.

Ⓐ 그리고 몇 종류의 음료도요.

Ⓑ 네, 그걸로 충분하겠네요.

- -

words set up 세팅하다, 준비하다   refreshments 다과   beverage 음료

More to Know

▶ We are all set. 우리는 모두 준비됐어요.
  be set은 '준비되다, 완료되다' 라는 뜻이지요.

▶ I almost forgot. 잊을 뻔했어요.
  부사 almost를 과거형 동사 앞에 붙이면 '~할 뻔했다' 라는 의미가 됩니다.

▶ That will do. 그걸로 충분하겠네요.
  '그만하면 됐다. / 그것으로 충분하다.' 라는 의미로 That[This] will do.를 사용해요.

미래의 예정을 나타내는 *be going to*

'~할 예정이다' 라는 뜻의 be going to는 100% 확정되지는 않았으나 하려고 마음먹은 일, 예정한 일을 말할 때 사용합니다.

부정문에서는 be동사와 going 사이에 not을 넣습니다.

주어	be (not) going to	동사원형
I	am (not) going to	go downtown tonight.
Ann	is (not) going to	be here tonight.
We	are (not) going to	leave early.

의문문을 만들려면 be동사를 문장 앞으로 보내면 됩니다.

Are you going to leave tomorrow? 내일 떠날 건가요?
No, I'm not. 아니오, 안 떠날 거예요.

Is *Ann* going to be at home tomorrow? 앤이 내일 집에 있을 건가요?
Yes, she is. 네, 있을 거예요.

[e]와 [æ] 발음

[e]는 입을 양옆으로 벌리면서 우리말의 [에]보다 [애]에 더 가깝게 발음해야 합니다. 입을 더 크게 발음하는 것이 포인트입니다.

set [셋]   bed [배앳]   sent [쎄앤트]   get [갯]   dead [대엣]

[æ]는 [e]보다 더 크게, 최대한 입을 벌리며 발음해야 합니다. 입을 옆으로 벌리고 [애]라고 발음하세요.

sand [쌔앤~]   bad [배앳~]   dad [대~앳]   last [래~스트]   ask [애~스크]

1 Expression Review
빈칸에 알맞은 말을 넣어 영어 표현을 완성하세요.

❶ _____ get a haircut. 머리를 자를 예정이에요.

❷ _____ come here. 앤이 여기 올 예정이에요.

❸ _____ walk to work. 그들은 걸어서 출근할 예정이에요.

❹ _____ go shopping. 우리는 쇼핑하러 갈 예정이에요.

❺ _____ stay home tomorrow? 내일 집에 있을 거예요?

❻ _____ take a shower. 그는 샤워를 할 거예요.

❼ _____ buy a shirt. 셔츠를 한 벌 사려고요.

❽ _____ . 우리는 모두 준비됐어요.

❾ _____ . 잊을 뻔했어요.

❿ _____ . 그걸로 충분해요.

2 Speaking Quiz
대화문을 총정리하면서 한글 부분을 영어로 말해 보세요.

Ⓐ Are we ready for tomorrow's event?

Ⓑ ❶ 제가 점심 후에 우리 손님들에게 전화할 예정입니다.

Ⓐ ❷ 저는 회의실을 세팅할 예정입니다.

Ⓑ We are all set, then.

Ⓐ Oh, I almost forgot. ❸ 제가 다과를 사 올 예정이에요.

Ⓑ Get something easy to eat.

Ⓐ And several kinds of beverages.

Ⓑ OK, that will do.

3 Listening Challenge

지문을 듣고 빈칸을 채워 보세요.

Minjung's Weekend Plans

I have a lot of things to do this weekend. First, ❶ _____ clean my room. ❷ _____ visit my place for dinner. ❸ _____ go grocery shopping. I'm going to cook for my friends. ❹ _____ have dinner together. After dinner, we are going to watch a movie at my place.

4 Comprehension Skill

❸번 지문 내용에 관한 질문에 답해 보세요.

❶ What is *Minjung* going to do first?

_____

❷ What are *Minjung* and her friends going to do after dinner?

_____

1 ❶ I'm going to get a haircut.

❷ *Ann* is going to come here.

❸ They are going to walk to work.

❹ They are going to go shopping.

❺ Are you going to stay home tomorrow?

❻ He's going to take a shower.

❼ I'm going to buy a shirt.

❽ We are all set.

❾ I almost forgot.

❿ That will do.

2 ❶ I'm going to call our guests after lunch.

❷ I'm going to set up the conference room.

❸ I'm going to get some refreshments.

3 *Minjung*'s Weekend Plans

I have a lot of things to do this weekend. First, ❶ I'm going to clean my room. ❷ My friends are going to visit my place for dinner. ❸ I'm going to go grocery shopping. I'm going to cook for my friends. ❹ We are going to have dinner together. After dinner, we are going to watch a movie at my place.

|해석| 민정의 주말 계획

이번 주말에 나는 할 일이 많다. 먼저 방을 청소할 예정이다. 친구들이 저녁 먹으러 집에 찾아올 것이다. 나는 식료품을 사러 갈 예정이다. 친구들을 위해 요리할 예정이다. 우리는 함께 저녁을 먹을 것이다. 저녁 식사 후에 우리는 집에서 영화를 볼 예정이다.

4 ❶ She is going to clean her room.

❷ They are going to watch a movie at *Minjung*'s place.

DAY 19 — We presented successfully.

우리가 성공적으로 발표했어요.

▶▶▶ 부사로 행동을 강조하기

Dialogue

 01 대화 연습하기

Ⓐ Wow, the conference was excellent!

Ⓑ **We presented successfully.**

Ⓐ **You prepared very well.**

Ⓑ No, it's not just my work. **All our team members worked diligently.**

Ⓐ **I sincerely respect your hard work.**

Ⓑ Oh, I'm flattered.

Ⓐ You deserve it.

Ⓐ 와, 회의가 훌륭했네!

Ⓑ 우리가 성공적으로 발표했어요.

Ⓐ 자네가 아주 잘 준비했더군.

Ⓑ 아니요, 그건 저 혼자 한 일이 아니죠. 우리 팀원 모두가 부지런히 일했습니다.

Ⓐ 자네의 노고에 진심으로 경의를 표하네.

Ⓑ 아, 과찬의 말씀입니다.

Ⓐ 자네는 칭찬받을 만해.

---

words excellent 훌륭한, 탁월한 prepare 준비하다 diligently 부지런히 sincerely 진심으로 deserve ~을 받을 만하다

More to Know

▶ I'm flattered. 과찬의 말씀입니다.

flatter는 '아첨하다, 기분좋게 하다' 라는 뜻이므로 be flattered는 칭찬을 들어 기분이 좋다는 의미예요. It's flattering.이라고도 말해요.

▶ You deserve it. 당신은 그럴 만한 자격이 있어요.

잘한 일의 결과에 대한 보상이나 칭찬을 받을 만하다는 의미로 쓰입니다. 반면 잘못한 일의 결과에 대해서는 '내 그럴 줄 알았다./자업자득이다.' 라는 뜻으로 사용됩니다.

-ly로 끝나는 부사

부사는 동사를 수식하여 무슨 일이 '어떻게' 일어났는지 또는 어떤 사람이 무슨 행동을 '어떻게' 했는지를 말해 줍니다.

부사는 대부분 형용사 뒤에 -ly를 붙여 만듭니다.

형용사	quick	bad	sudden	careful	heavy
부사	quickly	badly	suddenly	carefully	heavily

형용사와 부사의 철자가 동일한 단어로는 hard, fast, late, early 등이 있습니다.
형용사 good이 부사 well로 바뀌는 것처럼 형태가 완전히 달라지는 것도 있습니다.

The train stopped suddenly. 기차가 갑자기 멈추었다.
I opened the door slowly. 나는 문을 천천히 열었다.
He ate his dinner very quickly. 그는 저녁을 아주 빨리 먹었다.
Suddenly, the shelf fell down. 갑자기 선반이 떨어졌다.

-ly의 발음

부사 중 -tly와 -dly로 끝나는 단어를 발음할 때는 -ly 앞에서 꺾듯이 한 번 끊었다가 발음하는 것이 중요합니다. 음절은 하나의 소리 단위를 의미하는데, -tly / -dly로 끝나는 부사의 경우 -ly를 앞의 t/d와 상관없이 독립된 음절로 만들어 주어야 합니다. 따라서 -tly / -dly를 발음하는 경우 t/d가 앞 모음의 받침 소리로 들어가도록 뒤의 -ly와 분리해 주어야 합니다. 미국 영어에서 두드러지는 현상이 지요.

badly [뱃리]　　kindly [카인 리]　　quietly [쿠아이엇 리]　　lately [레잇 리]
lightly [(을)라잇 리]　　rapidly [루애~핏 리]

1 Expression Review
빈칸에 알맞은 말을 넣어 영어 표현을 완성하세요.

❶ It's raining _____ . 비가 세차게 내리고 있다.

❷ She shouted at me _____ . 그녀가 내게 화를 내며 소리쳤다.

❸ He got to work _____ . 그는 직장에 늦게 도착했다.

❹ He sings _____ . 그는 노래를 잘한다.

❺ They eat _____ . 그들은 빨리 먹는다.

❻ They came in _____ . 그들은 조용히 들어왔다.

❼ She speaks _____ . 그녀는 천천히 말한다.

❽ I left _____ . 나는 갑자기 떠났다.

❾ _____ . 과찬의 말씀입니다.

❿ _____ . 자네는 칭찬받을 만해.

2 Speaking Quiz
대화문을 총정리하면서 한글 부분을 영어로 말해 보세요.

Ⓐ Wow, the conference was excellent!

Ⓑ ❶ 우리가 성공적으로 발표했어요.

Ⓐ ❷ 자네가 아주 잘 준비했더군.

Ⓑ No, it's not just my work. ❸ 우리 팀원 모두가 부지런히 일했습니다.

ⓐ ④ 자네의 노고에 진심으로 경의를 표하네.

ⓑ Oh, I'm flattered.

ⓐ You deserve it.

3 Listening Challenge 🎧03

지문을 듣고 빈칸을 채워 보세요.

This is how Mr. *Kim* spends his day:

I get up ❶ _____ and have breakfast ❷ _____ . I drive

❸ _____ to work. I am the first one to arrive. I work ❹

_____ . At noon, I have lunch at the cafeteria. After lunch, I

read a book ❺ _____ at my desk. I get ❻ _____ tired,

so I drink coffee. When I'm sleepy, I talk ❼ _____ . After work,

I become energetic ❽ _____ . These days, I learn

Taekwondo for fun.

4 Comprehension Skill

❸번 지문 내용에 관한 질문에 답해 보세요.

❶ How does Mr. *Kim* drive?

_____

❷ What happens to him after work?

_____

Answer Key

1
❶ It's raining heavily.
❷ She shouted at me angrily.
❸ He got to work late.
❹ He sings well.
❺ They eat fast.
❻ They came in quietly.
❼ She speaks slowly.
❽ I left suddenly.
❾ I'm flattered.
❿ You deserve it.

2
❶ We presented successfully.
❷ You prepared very well.
❸ All our team members worked diligently.
❹ I sincerely respect your hard work.

3
This is how Mr. *Kim* spends his day:
I get up ❶ early and have breakfast ❷ quickly. I drive ❸ carefully to work. I am the first one to arrive. I work ❹ diligently. At noon, I have lunch at the cafeteria. After lunch, I read a book ❺ quietly at my desk. I get ❻ easily tired, so I drink coffee. When I'm sleepy, I talk ❼ angrily. After work, I become energetic ❽ suddenly. These days, I learn *Taekwondo* for fun.

|해석| 이것은 김 씨가 하루를 보내는 방법입니다.
저는 일찍 일어나서 빨리 아침을 먹어요. 조심해서 차를 몰고 출근합니다. 제가 맨 먼저 도착하는 사람이지요. 저는 부지런히 일합니다. 정오에 구내식당에서 점심 식사를 합니다. 점심 후에는 제 자리에서 조용히 독서를 해요. 저는 쉽게 피곤해지기 때문에 커피를 마셔요. 졸리면 화를 내면서 말하거든요. 퇴근 후 저는 갑자기 에너지가 넘쳐요. 요즘음 재미 삼아 태권도를 배워요.

4
❶ He drives carefully to work.
❷ He becomes energetic suddenly.

DAY 20

I can manage employees.
저는 직원들을 관리할 수 있습니다.
▶▶▶ 조동사 can으로 능력을 알려 주기

Dialogue
 대화 연습하기

Ⓐ Come in and have a seat.

Ⓑ Nice to meet you. Thank you for your time.

Ⓐ Thank you for your interest in *ABC Company*. Now... **can you manage people?**

Ⓑ Yes, **I can manage employees** without any problems.

Ⓐ Good. **Can you use spreadsheet?**

Ⓑ Yes, **I can use *Excel* and other databases.**

Ⓐ **Can you speak foreign languages?**

Ⓑ Yes, **I can speak *Korean*, *English* and a little bit of *Chinese*.**

Ⓐ 들어와서 앉으세요.

Ⓑ 만나서 반갑습니다. 시간 내주셔서 감사합니다.

Ⓐ ABC 사에 관심 가져 주셔서 감사합니다. 그런데…
사람들을 관리할 수 있나요?

Ⓑ 네, 문제 없이 직원들을 관리할 수 있습니다.

Ⓐ 좋아요. 스프레드시트를 사용할 수 있나요?

Ⓑ 네, 엑셀 프로그램과 다른 데이터베이스를 사용할 수 있습니다.

Ⓐ 외국어를 할 수 있나요?

Ⓑ 네, 한국어와 영어 그리고 중국어를 조금 합니다.

---

words manage 관리하다　foreign language 외국어　hire 채용하다

More to Know

▶ **Come in and have a seat.** 들어와서 앉으세요.
방문한 사람을 들어오라고 안내할 때 유용한 표현이에요.

▶ **Thank you for your time.** 시간 내주셔서 감사합니다.
Thank you는 입에 달고 있으면 좋아요. 작은 것도 감사하다고 하세요.

조동사 can

can은 '~할 수 있다' 라는 의미로 가능성, 능력을 의미하는 조동사이지요. 인칭에 상관없이 사용하고 동사원형을 수반합니다.

주어	조동사	동사원형
I/We/You/They/He/ She/It	can can't/cannot	do it. play. see. come.

Can you manage people? 사람들을 관리할 수 있으세요?
I can manage employees. 직원들을 관리할 수 있습니다.
Can you run 10 kilometers? 10킬로미터를 달릴 수 있나요?
I can come to your party this weekend. 이번 주말에 당신의 파티에 갈 수 있어요.

의문문을 만들 경우 can을 주어 앞으로 이동하면 됩니다.

주어	조동사	동사원형
Can Can't	I/we/you/they/he/ she/it	do? play? see? come?

폐쇄음

t, d와 n 사이에 모음이 오면 막혔다가 터지는 듯한 폐쇄음이 생겨납니다.
't/d + 모음 + n'의 t와 d는 중간의 모음과 받침소리 n으로 인해 목구멍에서 소리가 터지는 듯이 발음됩니다. 앞의 음절과 연음시키지 않고 음절을 의도적으로 끊어 발음해야 합니다.
예를 들어 gotten은 [가튼]이 아니라 [같 은]처럼 발음하지요.

written [뤗 은]   eaten [잇 은]   certain [서 r엇 은]   ridden [루잇 은]

반면 단어 시작이 't/d + 모음 + n'이라면 원래대로 충실하게 발음하면 됩니다.

tenant [태는 t]   tonight [트나잇]   dance [댄~쓰]

1 Expression Review
빈칸에 알맞은 말을 넣어 영어 표현을 완성하세요.

❶ _____ swim? 수영할 수 있어요?

❷ _____ run 10 kilometers? 10킬로미터를 달릴 수 있나요?

❸ _____ come to your party next Friday.

우리는 다음 주 금요일에 당신의 파티에 가지 못해요.

❹ _____ sleep. 그녀는 잠을 잘 수 없어요.

❺ _____ speak *English*? 영어 하실 수 있나요?

❻ _____ speak five languages. 그는 5개 국어를 할 수 있어요.

❼ _____ eat meat. 수잔은 고기를 먹을 수 없어요.

❽ _____ do it. 우리는 할 수 있어요.

❾ _____. 들어와서 앉으세요.

❿ _____. 시간 내주셔서 감사합니다.

2 Speaking Quiz
대화문을 총정리하면서 한글 부분을 영어로 말해 보세요.

Ⓐ Come in and have a seat.

Ⓑ Nice to meet you. Thank you for your time.

Ⓐ Thank you for your interest in *ABC Company*. Now... **❶** 사람들을

관리할 수 있나요?

Ⓑ Yes, **❷** 문제 없이 직원들을 관리할 수 있습니다.

Ⓐ Good. **❸** 스프레드시트를 사용할 수 있나요?

B   Yes, ④ <u>엑셀 프로그램과 다른 데이터베이스를 사용할 수 있습니다.</u>

A   ⑤ <u>외국어를 할 수 있나요?</u>

B   Yes, ⑥ <u>한국어와 영어 그리고 중국어를 조금 합니다.</u>

3 Listening Challenge 🎧 03

지문을 듣고 빈칸을 채워 보세요.

Catherine is a tough cookie. ❶ _____ care of many

things. ❷ _____ three languages: *English*, *Korean* and

French. ❸ _____ employees well. ❹ _____

very fast, 45 words per minute. ❺ _____. She can sing

well. *Catherine* ❻ _____ delicious dishes as well.

4 Comprehension Skill

❸번 지문 내용에 관한 질문에 답해 보세요.

❶ Can *Catherine* speak foreign languages?

_____

❷ Can she cook well?

_____

1 ❶ Can you swim?
  ❷ Can you run 10 kilometers?
  ❸ We can't come to your party next Friday.
  ❹ She can't sleep.
  ❺ Can you speak *English*?
  ❻ He can speak five languages.
  ❼ Susan can't eat meat.
  ❽ We can do it.
  ❾ Come in and have a seat.
  ❿ Thank you for your time.

2 ❶ can you manage people?
  ❷ I can manage employees without any problems.
  ❸ Can you use spreadsheet?
  ❹ I can use *Excel* and other databases.
  ❺ Can you speak foreign languages?
  ❻ I can speak *Korean*, *English* and a little bit of *Chinese*.

3 *Catherine* is a tough cookie. ❶ She can take care of many things. ❷ She can speak three languages: *English*, *Korean* and *French*. ❸ She can lead employees well. ❹ She can type very fast, 45 words per minute. ❺ She can swim. She can sing well. *Catherine* ❻ can cook delicious dishes as well.

|해석| 캐서린은 독종이에요. 많은 것을 감당할 수 있어요. 그녀는 영어, 한국어, 프랑스어 3개 국어를 해요. 직원들을 잘 이끌 수 있어요. 타이핑을 아주 빨리 할 수 있어요. 분당 45자요. 수영을 할 수 있어요. 노래를 잘할 수 있어요. 캐서린은 맛있는 요리도 잘한답니다.

4 ❶ Yes, she can speak three languages: *English*, *Korean* and *French*.
  ❷ Yes, she can cook delicious dishes.

5th Week

I worked until midnight.

한밤중까지 일했어요.
▶▶▶ 이미 끝낸 일을 과거형으로 말하기

Dialogue

 대화 연습하기

Ⓐ Good morning. How was your weekend?

Ⓑ Not too bad.

Ⓐ What did you do?

Ⓑ **I went skiing with my family.** What about you?

Ⓐ My weekend was terrible. **I worked on Saturday until midnight.**

Ⓑ What happened?

Ⓐ Something got wrong. So I had to get things sorted out.

Ⓑ You need a day off or something.

Ⓐ I'm OK. **I rested well on Sunday.**

Ⓐ 안녕하세요. 주말 어떻게 보냈어요?

Ⓑ 별로 나쁘지 않았어요.

Ⓐ 뭐 했어요?

Ⓑ 가족들과 함께 스키 타러 갔어요. 당신은요?

Ⓐ 제 주말은 끔찍했어요. 토요일에 한밤중까지 일했답니다.

Ⓑ 무슨 일이 있었나요?

Ⓐ 뭔가 잘못돼서요. 일 처리를 하느라고요.

Ⓑ 하루 휴가를 내든지 해야겠군요.

Ⓐ 괜찮아요. 일요일에 푹 쉬었거든요.

words terrible 형편없는   midnight 자정   sort out 해결하다, 처리하다   day off 휴일

More to Know

▶ What happened? 무슨 일이 있었나요?
　상대의 이야기에 즉시 반응하면서 관심을 보일 때 유용한 질문입니다.

▶ Something got wrong. 뭔가 잘못됐어요.
　뭔가 일이 생겼을 때 사용하세요.

Grammar Point

과거 시제

과거의 시점에서 시작되어 종료된 상황이나 동작은 과거 시제로 표현합니다.

1. be동사의 과거형

	현재	과거
단수	I am You are He / She / It is	I was You were He / She / It was
복수	We / You / They are	We / You / They were

2. 일반동사의 과거형: 동사원형+-ed

I walk to the office every day. → I walked to the office every day.

John walks to the office every day. → *John* walked to the office every day.

3. 일반동사의 불규칙 과거형

● 주요 동사

do-did get-got go-went have-had make-made take-took

● ow/au → ew

blow-blew draw-drew grow-grew know-knew throw-threw

● 모음 → a

become-became come-came eat-ate give-gave begin-began

drink-drank ring-rang run-ran sit-sat sing-sang swim-swam

● 현재형과 동일한 과거형

beat-beat bet-bet cast-cast cost-cost cut-cut hit-hit hurt-hurt

let-let put-put wet-wet read [riːd]-read [red]

● 모음 → o

break-broke drive-drove ride-rode sell-sold speak-spoke

steal-stole tell-told wake up-woke up write-wrote wear-wore

1 Expression Review

빈칸에 알맞은 말을 넣어 영어 표현을 완성하세요.

❶ *John* _____ because he had the flu.

존은 독감에 걸렸기 때문에 기침을 했다.

❷ I _____ TV last night.   나는 어젯밤에 TV를 보았다.

❸ The rain _____ one hour ago.   한 시간 전에 비가 그쳤다.

❹ It _____ last night.   어젯밤에 비가 왔다.

❺ *Bill* _____ the window because it was cold outside.

밖이 추웠기 때문에 빌이 창문을 닫았다.

❻ We _____ last week.   지난주에 우리는 스키 타러 갔다.

❼ I _____ pizza for dinner.   저녁으로 피자를 먹었다.

❽ _____? 주말 어떻게 보냈어요?

❾ _____? 무슨 일이 있었나요?

❿ _____. 뭔가 잘못됐어요.

2 Speaking Quiz

대화문을 총정리하면서 한글 부분을 영어로 말해 보세요.

Ⓐ Good morning. How was your weekend?

Ⓑ Not too bad.

Ⓐ What did you do?

Ⓑ ❶ 가족들과 함께 스키 타러 갔어요.   What about you?

Ⓐ My weekend was terrible. ❷ 토요일에 한밤중까지 일했답니다.

Ⓑ What happened?

Ⓐ Something got wrong. So I had to get things sorted out.

Ⓑ You need a day off or something.

Ⓐ I'm OK. ❸ 일요일에 푹 쉬었거든요.

③ Listening Challenge 🎧02▶
지문을 듣고 빈칸을 채워 보세요.

Yesterday, it ❶ _____ *Mina's* birthday. We ❷ _____ to celebrate her birthday after work. We ❸ _____ a nice meal at an Italian restaurant. *Sangchul* ❹ _____ a birthday cake for her. The dinner was great, and *Mina* ❺ _____ afterward.

④ Comprehension Skill
③번 지문 내용에 관한 질문에 답해 보세요.

❶ What did *Sangchul* buy for *Mina*?

_____

❷ Where did they have dinner together?

_____

1
① *John* coughed because he had the flu.
② I watched TV last night.
③ The rain stopped one hour ago.
④ It rained last night.
⑤ *Bill* closed the window because it was cold outside.
⑥ We went skiing last week.
⑦ I had[ate] pizza for dinner.
⑧ How was your weekend?
⑨ What happened?
⑩ Something got wrong.

2
① I went skiing with my family.
② I worked on Saturday until midnight.
③ I rested well on Sunday.

3
Yesterday, it ① was *Mina's* birthday. We ② got together to celebrate her birthday after work. We ③ ate a nice meal at an Italian restaurant. *Sangchul* ④ bought a birthday cake for her. The dinner was great, and *Mina* ⑤ was very happy afterward.

|해석| 어제는 미나의 생일이었다. 퇴근 후에 우리는 그녀의 생일을 축하해 주기 위해 함께 모였다. 우리는 이탈리아 식당에서 근사한 음식을 먹었다. 상철이 그녀에게 생일 케이크를 사 주었다. 저녁 식사는 훌륭했고 그 후에 미나는 아주 행복해했다.

4
① He bought a birthday cake for her.
② They ate a nice meal at an Italian restaurant.

DAY 22 Did you have a good night's sleep?

잘 주무셨어요?

▶▶▶ *Did you ~?로 과거 상황을 물어보기*

Dialogue 대화 연습하기

Ⓐ **Did you have a good night's sleep?**

Ⓑ Are you kidding me? I was drinking all night.

Ⓐ **Did you go to the business dinner last night?**

Ⓑ Yes. I did. I had many rounds of drinks.

Ⓐ **Did you go to a karaoke afterward?**

Ⓑ Yes, as usual. I had to entertain them.

Ⓐ So, **did you get the deal you wanted?**

Ⓑ Yes, I finally made it. We are signing a contract today.

Ⓐ 잘 주무셨어요?

Ⓑ 농담하시는 거예요? 밤새도록 술을 마셨어요.

Ⓐ 어젯밤에 거래처와 저녁 식사를 하셨나요?

Ⓑ 그래요. 술을 여러 잔 마셨어요.

Ⓐ 나중에 노래방에 가셨나요?

Ⓑ 네, 평소처럼요. 그들을 즐겁게 해 줘야 했어요.

Ⓐ 그래서 원하던 거래를 성사시키셨나요?

Ⓑ 네, 제가 드디어 해냈어요. 오늘 우리가 계약을 체결해요.

words round 한 차례 돌리는 술잔   karaoke 노래방   entertain 즐겁게 해 주다, 접대하다   deal 거래

More to Know

▶ Are you kidding me? 농담하시는 거예요?
농담이냐고 비꼬듯이 말할 때 또는 말도 안 된다는 반응을 보일 때 쓰세요.

▶ I had many rounds of drinks. 술을 여러 잔 마셨어요.
many rounds of drinks는 '여러 차례 돌리는 술'을 의미해요.

▶ I finally made it. 제가 드디어 해냈어요.
make it은 '성공하다, 해내다' 라는 의미가 있어요.

과거 시제 평서문의 의문문

일반동사가 쓰인 현재 시제 평서문을 의문문으로 만들려면 조동사 do나 does가 문장 앞에 와야 하지만 과거 시제 문장을 의문문으로 만들 때는 주어의 인칭에 상관없이 조동사 do의 과거형인 did를 앞에 붙여 〈Did + 주어 + 동사원형~?〉 구조로 만들어 줍니다.

조동사	주어	동사원형
Did	you	go hiking yesterday?
	he / she	have dinner?
	we	check the schedule?
	they	study?

시간 부사어구

과거 시제에만 사용되는 특정한 부사어들을 알아 두세요.

then / yesterday / last + 시점 / ago / at that time / the other day

I was at home yesterday / yesterday morning.
나는 어제 / 어제 아침에 집에 있었다.

Mary was at home last night / last weekend / last summer / last Monday.
메리는 어젯밤 / 지난 주말 / 지난 여름 / 지난 월요일에 집에 있었다.

Tony was at home ten minutes ago / three hours ago / one week ago.
토니는 10분 전 / 3시간 전 / 1주일 전에 집에 있었다.

1 Expression Review

빈칸에 알맞은 말을 넣어 영어 표현을 완성하세요.

❶ _____ have lunch?   점심 식사 하셨어요?

❷ _____ finish the project?   그들이 프로젝트를 마쳤나요?

❸ _____ graduate?   그녀가 졸업을 했나요?

❹ _____ go to the *USA*?   그가 미국에 갔나요?

❺ _____ read this book?   이 책을 읽으셨어요?

❻ _____ come to the party?   그가 파티에 왔나요?

❼ _____ drive here?   여기에 운전해서 오셨나요?

❽ _____?   농담하시는 거예요?

❾ _____.   술을 여러 잔 마셨어요.

❿ _____.   제가 드디어 해냈어요.

2 Speaking Quiz

대화문을 총정리하면서 한글 부분을 영어로 말해 보세요.

Ⓐ ❶ 잘 주무셨어요?

Ⓑ Are you kidding me? I was drinking all night.

Ⓐ ❷ 어젯밤에 거래처와 저녁 식사를 하셨나요?

Ⓑ Yes. I did. I had many rounds of drinks.

Ⓐ ❸ 나중에 노래방에 가셨나요?

Ⓑ Yes, as usual. I had to entertain them.

Ⓐ So, ❸ 원하던 거래를 성사시키셨나요?

Ⓑ Yes, I finally made it. We are signing a contract today.

3 Listening Challenge 🎧03

지문을 듣고 빈칸을 채워 보세요.

Checklist before entering the lab:

❶ _____ safety goggles?

❷ _____ your hands?

❸ _____ wear the lab gown?

❹ _____ through the air shower?

4 Comprehension Skill

❸번 지문 내용에 따라 빈칸을 채워 보세요.

Before entering the lab, you have to ❶ _____ a safety goggle. Then

you have to ❷ _____ your hands and ❸ _____ the lab gown.

Finally, ❹ _____ the air shower.

Answer Key

1
① Did you have lunch?
② Did they finish the project?
③ Did she graduate?
④ Did he go to the *USA*?
⑤ Did you read this book?
⑥ Did he come to the party?
⑦ Did you drive here?
⑧ Are you kidding me?
⑨ I had many rounds of drinks.
⑩ I finally made it.

2
① Did you have a good night's sleep?
② Did you go to the business dinner last night?
③ Did you go to a karaoke afterward?
④ did you get the deal you wanted?

3 Checklist before entering the lab:

① Did you wear safety goggles?
② Did you wash your hands?
③ Did you wear the lab gown?
④ Did you go through the air shower?

|해석| 실험실에 들어가기 전 확인 사항
– 안전 고글을 쓰셨나요?
– 손을 씻으셨나요?
– 실험실 가운을 입으셨나요?
– 에어샤워를 통과하셨나요?

4
① wear
② wash
③ wear
④ go through

DAY 23

When you called me, I was talking to my client.

전화하셨을 때 고객과 대화 중이었어요.

▶▶▶ 그때 뭘 하고 있었는지 콕 집어 말하기

Dialogue

 01 대화 연습하기

Ⓐ Where were you? I called you a few times, but you didn't answer.

Ⓑ I'm sorry. **When you called me, I was talking to my client.**

Ⓐ I see. Is everything OK?

Ⓑ **When my boss came in, the client was yelling at me.**

Ⓐ That's too bad! **When that happened, I was enjoying my break.**

Ⓑ So why did you call me?

Ⓐ Oh, I wanted to have coffee with you.

Ⓑ I'm not in the mood. Maybe later.

- -

Ⓐ 어디 있었어요? 몇 번 전화했는데, 안 받더군요.

Ⓑ 미안해요. 전화하셨을 때 고객과 대화 중이었어요.

Ⓐ 그렇군요. 별일 없는 거죠?

Ⓑ 상사가 들어왔을 때 그 고객이 나한테 소리를 지르고 있었어요.

Ⓐ 그것 참 안됐군요! 그 일이 일어났을 때 나는 휴식을 즐기고 있었어요.

Ⓑ 그래서 왜 전화하신 거죠?

Ⓐ 아, 같이 커피 마시고 싶었어요.

Ⓑ 그럴 기분이 아니에요. 나중에요.

- -

words client 고객   yell at ~에게 고함을 지르다   break 휴식 시간   mood 기분, 감정

More to Know

▶ Is everything OK? 별일 없는 거죠?
모든 것이 괜찮은지 확인하거나 질문할 때 쓰는 표현입니다.

▶ That's too bad! 그것 참 안됐군요!
상대가 좋지 않은 소식을 전하거나 기분이 좋지 않을 때 공감해 주는 표현입니다.

▶ I'm not in the mood. 그럴 기분이 아니에요.
그럴 기분이 아니라며 부탁 등을 거절할 때 쓰는 관용적인 표현입니다.

과거진행형

'A했을 때 B하던 중이었다'라는 의미로 A라는 시점에서 진행되고 있던 B라는 행위를 나타낼 때는 〈when＋주어＋동사(과거형), 주어＋be동사(과거형)＋동사 ing〉의 구조를 사용합니다.

A했을 때	B하던 중이었다
When I went out,	it was raining.
When you called me,	I was sleeping.
When he arrived,	*John* was waiting for him.

when은 문장의 맨 앞이나 중간에 나올 수 있습니다. when이 문장 앞에서 이끄는 절 끝에는 쉼표 (,)를 사용합니다.

When I went out, it was raining.
It was raining when I went out.
밖에 나갔을 때 비가 내리고 있었다.

Language Tip 발음 익히기

s 다음의 경음화 현상

파열음은 폐에서 나오던 소리가 한 번 막혔다가 터져 나오는 소리로 입술이나 혀가 입천장에 닿았다가 떨어지면서 나는 소리를 말합니다. [p], [t], [k] 등이 있지요.
마찰음은 구강의 좁은 통로로 새어 나오는 소리로 바람 새는 듯한 소리가 입술이나 혀를 닿지 않고 나는 [s], [h] 소리가 있어요.
s 뒤에 파열음 p, t, k 등이 오면 입술을 꽉 다물게 되어 된소리(경음)로 발음됩니다.

spaghetti [스빠게뤼]   stainless [스때~인리스]   stadium [스때이리엄]
specialist [스뻬셜리슽]   mistake [미스때익]   institution [인스띠튜션]

1 Expression Review

빈칸에 알맞은 말을 넣어 영어 표현을 완성하세요.

① When you _____ me, I _____ a shower.

당신이 전화했을 때 나는 샤워하고 있었어요.

② When _____ in, he _____ TV.

어머니가 들어왔을 때 그는 TV를 보고 있었어요.

③ When that _____, I _____ my lunch.

그 일이 일어났을 때 나는 점심을 즐기고 있었어요.

④ When _____, *John* _____ for him.

그가 도착했을 때 존이 그를 기다리고 있었다.

⑤ When I _____, it _____.

내가 나갔을 때 비가 오고 있었다.

⑥ When she _____ me, I _____.

그녀가 전화했을 때 나는 자고 있었다.

⑦ When *John* _____ home, his mother _____.

존이 집에 왔을 때 그의 어머니는 요리를 하고 있었다.

⑧ _____? 별일 없는 거죠?

⑨ _____! 그것 참 안됐군요!

⑩ _____. 그럴 기분이 아니에요.

2 Speaking Quiz

대화문을 총정리하면서 한글 부분을 영어로 말해 보세요.

Ⓐ Where were you? I called you a few times, but you didn't answer.

Ⓑ I'm sorry. **①** 전화하셨을 때 고객과 대화 중이었어요.

Ⓐ I see. Is everything OK?

Ⓑ ❷ 상사가 들어왔을 때 그 고객이 나한테 소리를 지르고 있었어요.

Ⓐ That's too bad! ❸ 그 일이 일어났을 때 나는 휴식을 즐기고 있었어요.

Ⓑ So why did you call me?

Ⓐ Oh, I wanted to have coffee with you.

Ⓑ I'm not in the mood. Maybe later.

3 Listening Challenge 🎧03
지문을 듣고 빈칸을 채워 보세요.

This is *Mina*'s diary:

Many things happened today. When my boss ❶ _____ in, I ❷ _____ on the phone. When *John* ❸ _____ me, I ❹ _____ my client. The client ❺ _____ me when my boss ❻ _____ me. I was embarrassed. I wanted to take a break. When I ❼ _____ , it ❽ _____ . I felt better.

4 Comprehension Skill
🖪번 지문 내용에 관한 질문에 답해 보세요.

❶ What was she doing when her boss came in?

_____

❷ What was she doing when *John* called her?

_____

1

❶ When you called me, I was taking a shower.

❷ When his mother came in, he was watching TV.

❸ When that happened, I was enjoying my lunch.

❹ When he arrived, *John* was waiting for him.

❺ When I went out, it was raining.

❻ When she called me, I was sleeping.

❼ When *John* came home, his mother was cooking.

❽ Is everything OK?

❾ That's too bad!

❿ I'm not in the mood.

2

❶ When you called me, I was talking to my client.

❷ When my boss came in, the client was yelling at me.

❸ When that happened, I was enjoying my break.

3

This is *Mina's* diary:

Many things happened today. When my boss ❶ came in, I ❷ was talking on the phone. When *John* ❸ called me, I ❹ was meeting my client. The client ❺ was yelling at me when my boss ❻ saw me. I was embarrassed. I wanted to take a break. When I ❼ went out, it ❽ was snowing. I felt better.

|해석| 이것은 미나의 일기입니다.

오늘은 많은 일이 일어났다. 상사가 들어왔을 때 나는 통화 중이었다. 존이 나에게 전화했을 때 나는 고객을 만나는 중이었다. 상사가 나를 보았을 때 그 고객이 나에게 소리를 지르고 있었다. 나는 창피했다. 휴식을 취하고 싶었다. 밖에 나갔을 때 눈이 오고 있었다. 기분이 나아졌다.

4

❶ When her boss came in, she was talking on the phone.

❷ When *John* called her, she was meeting her client.

Who is your boss?

상사가 누구시죠?

▶▶▶ Who ~? 로 누구인지 확인하기

Dialogue 대화 연습하기

Ⓐ I'm *Jaemin Cha* from *IMB Korea*. I've met you once with my boss.

Ⓑ **Who is your boss?**

Ⓐ Mr. *Daniel Kim*.

Ⓑ Oh, I see. I know him very well. Is he here, too?

Ⓐ No, I'm here on behalf of him. **Who is your partner today?**

Ⓑ I'm also here alone.

Ⓐ Oh, let me accompany you, then.

Ⓑ Thanks.

Ⓐ 저는 IMB 코리아의 차재민이라고 합니다. 제 상사와
   함께 한 번 뵌 적이 있습니다.

Ⓑ 상사가 누구시죠?

Ⓐ 다니엘 김 차장님이요.

Ⓑ 아, 알겠어요. 그분은 잘 알죠. 그분도 여기에 오셨나요?

Ⓐ 아니요. 그분 대신 제가 왔습니다. 오늘 함께 오신 파트너는 누구시죠?

Ⓑ 저도 여기에 혼자 왔어요.

Ⓐ 그럼 제가 함께해 드리죠.

Ⓑ 고마워요.

words on behalf of ~를 대신해   accompany 동반하다, 함께하다

More to Know

▶ I'm here on behalf of him. 그분 대신 제가 왔습니다.
   사람을 대신하거나 단체를 대표하여 외부 행사에 참여할 때 사용하세요.

▶ Let me accompany you. 제가 함께해 드리죠.
   파트너가 없는 상대에게 기사도 정신을 발휘할 때 사용해 보세요.

Who 의문문

주어가 누구인지를 설명하는 be동사가 들어간 평서문에서 아래 밑줄 친 부분(보어)을 모를 경우 의문문으로 만들 수 있습니다. 보어 자리를 비워 두고 문장 맨 앞에 의문사 who를 넣어 주면 됩니다.

He is <u>a doctor</u>. → <u>Who</u> is he?
They are <u>doctors</u>. → <u>Who</u> are they?

일반 동사의 문장도 who 의문문으로 만들 수 있습니다.
Susan saw *Peter*.

<u>Who</u> saw *Peter*? → *Susan* saw him.
　주어

<u>Who</u> did *Susan* see? → She saw *Peter*.
목적어

Language Tip

 발음 익히기

wh의 [h] 발음 생략

영어의 6하원칙은 바로 누가(who), 언제(when), 어디서(where), 무엇을(what), 어떻게(how), 왜(why)인데요. 그 중에서 wh로 시작되는 의문사의 [h] 발음이 자주 생략된답니다. 이것은 미국식 영어에서 더 두드러지는데요. 영국식 영어에서는 더 명확하게 [h] 발음을 해 줍니다.

단어	미국식 발음	영국식 발음
what	우앝	후앝
where	우에어	후에어
why	우아이	후아이
while	우아이얼	후아이얼
when	우웬	후웬
wheat	우이잍	후이잍
which	우이취	후이취
white	우아잍	후아잍

Exercise

1 Expression Review

빈칸에 알맞은 말을 넣어 영어 표현을 완성하세요.

❶ _____ that boy?   저 소년은 누구죠?

❷ _____ those people?.   저 사람들은 누구죠?

❸ _____ the window?   누가 창문을 깼나요?

❹ _____ your mother?   누가 당신 어머니죠?

❺ _____ your boss?   당신 상사는 누구죠?

❻ _____ in this house?   누가 이 집에 살죠?

❼ _____ meet?   누구를 만났나요?

❽ _____.   그분을 잘 알죠.

❾ _____.   그분 대신 제가 왔습니다.

❿ _____.   제가 함께해 드리죠.

2 Speaking Quiz

대화문을 총정리하면서 한글 부분을 영어로 말해 보세요.

Ⓐ I'm *Jaemin Cha* from *IMB Korea*. I've met you once with my boss.

Ⓑ ❶ 상사가 누구시죠?

Ⓐ Mr. *Daniel Kim*.

Ⓑ Oh, I see. I know him very well. Is he here, too?

Ⓐ No, I'm here on behalf of him. ❷ 오늘 함께 오신 파트너는 누구시죠?

B I'm also here alone.

A Oh, let me accompany you, then.

B Thanks.

3 Listening Challenge
지문을 듣고 빈칸을 채워 보세요.

I'm at a party. There are so many people I don't know. ❶ _____

that lady in red dress? She is stunning. ❷ _____ men

in tuxedo? ❸ _____ that young boy? Maybe he is Mr. *Kim*'s

son. Anyhow, ❹ _____ this party? This is the biggest

party I have ever seen.

4 Comprehension Skill
❸번 지문 내용에 관한 질문에 답해 보세요.

❶ Where is the man?

_____

❷ Who is that young boy?

_____

1　❶ **Who is** that boy?

　　❷ **Who are** those people?

　　❸ **Who broke** the window?

　　❹ **Who is** your mother?

　　❺ **Who is** your boss?

　　❻ **Who lives** in this house?

　　❼ **Who did you** meet?

　　❽ I know him very well.

　　❾ I'm here on behalf of him.

　　❿ Let me accompany you.

2　❶ Who is your boss?

　　❷ Who is your partner today?

3　I'm at a party. There are so many people I don't know. ❶ Who is that lady in red dress? She is stunning. ❷ Who are these men in tuxedo? ❸ Who is that young boy? Maybe he is Mr. *Kim*'s son. Anyhow, ❹ who hosted this party? This is the biggest party I have ever seen.

|해석| 나는 지금 파티장에 있다. 모르는 사람이 아주 많다. 빨간 드레스를 입은 저 여자는 누구지? 정말 아름답군. 턱시도를 입은 이 남자들은 누구지? 저 남자아이는 누구지? 아마 김 사장님의 아들인가 보다. 어쨌든 누가 이 파티를 주최했을까? 이것이 내가 여태껏 본 파티 중에 가장 성대하다.

4　❶ He is at a party.

　　❷ Maybe he is Mr. *Kim*'s son.

DAY 25 Where do you meet them?

그들을 어디서 만나는데요?

▶▶▶ Where ~?로 장소를 물어보기

Dialogue

🎧 01 대화 연습하기

ⓐ **Where is *Jinhee*?**

ⓑ I saw her in the conference room an hour ago. What's the hurry?

ⓐ She has my presentation slides. I'm meeting my clients soon.

ⓑ **Where do you meet them?**

ⓐ They are already here.

ⓑ Let me call *Jinhee*.

ⓐ She is not answering.

ⓑ Let me text her, then.

ⓐ 진희 씨가 어디 있나요?

ⓑ 한 시간 전에 회의실에서 봤어요. 왜 그렇게 서두르세요?

ⓐ 진희 씨가 제 발표용 슬라이드를 갖고 있어요. 고객을 곧 만나야 하거든요.

ⓑ 그들을 어디서 만나는데요?

ⓐ 벌써 여기 와 있어요.

ⓑ 진희 씨에게 전화할게요.

ⓐ 그녀가 전화를 안 받아요.

ⓑ 그럼 그녀에게 문자를 보낼게요.

words conference room 회의실   client 고객   down the hall 통로 안쪽에   text 문자를 보내다

More to Know

▶ What's the hurry? 왜 그렇게 서두르세요?

급하게 서두르는 상대에게 이유를 물을 때 적절한 표현이지요.

▶ Let me text her. 그녀에게 문자를 보낼게요.

'문자를 보내다' 라는 표현은 send a text message 또는 그냥 간단히 text라고 합니다.

Where 의문문

1. 장소가 어디에 있는지 물어보는 경우 의문사 where를 문장 앞에 넣어 be동사로 질문합니다.

의문사	be동사	장소
Where	is	the bathroom / the conference room / the *Hilton Hotel*?

2. 동작이 이루어지는 장소가 어디인지 물을 때에는 〈Where+do/does/did+주어+동사원형?〉 으로 질문합니다.

의문사	조동사	주어	동사원형
Where	does	*Jim*	exercise?
	do	students	have lunch?
	did	you	ski?
	did	she/he	meet them?

Jinhee went to the library. → Where did *Jinhee* go?

중간 약모음 생략

한 단어에 '강모음+약모음+약모음' 이 오면 중간의 약모음은 반드시 발음되지 않다시피 합니다. 이 런 법칙을 '중간 약모음 생략' 이라고 하는데요. 영어에서는 한 단어에 모음이 여러 개 나오는 경우가 많으니 꼭 기억해 두세요.

séveral [쌔브럴]　　cómpany [캄프니]　　géneral [재느럴]　　éxcellent [액쓸런]

1 Expression Review

빈칸에 알맞은 말을 넣어 영어 표현을 완성하세요.

❶ _____ the exit? 출구가 어디죠?

❷ _____ have lunch? 그는 어디서 점심을 먹죠?

❸ _____ the bathroom? 화장실이 어디죠?

❹ _____ you? 지금 어디에 있니?

❺ _____ have her hair done? 그녀는 어디서 머리를 하죠?

❻ _____ come from? 그들은 어디서 왔죠?

❼ _____ going? 지금 어디에 가시는 중인가요?

❽ _____? 왜 그렇게 서두르세요?

❾ _____? 그녀가 전화를 안 받아요.

❿ _____. 그녀에게 문자를 보낼게요.

2 Speaking Quiz

대화문을 총정리하면서 한글 부분을 영어로 말해 보세요.

Ⓐ ❶ 진희 씨가 어디 있나요?

Ⓑ I saw her in the conference room an hour ago. What's the hurry?

Ⓐ She has my presentation slides. I'm meeting my clients soon.

Ⓑ ❷ 그들을 어디서 만나는데요?

Ⓐ They are already here.

Ⓑ Let me call *Jinhee*.

Ⓐ She is not answering.

Ⓑ Let me text her, then.

3 Listening Challenge
지문을 듣고 빈칸을 채워 보세요.

I can't find my things! ❶ _____ my wallet? Did I leave it in

the restaurant? Oh, it's in my pocket. ❷ _____ my cell

phone? It's missing. It's here under the folder. By the way, ❸

_____ *Jinsoo* go? He has my report. ❹ _____ the

meeting being held today? I need to hurry up and prepare for the

meeting.

4 Comprehension Skill
3번 지문 내용에 관한 질문에 답해 보세요.

❶ Where is the wallet?

_____

❷ Where is the cell phone?

_____

1
 ❶ Where is the exit?
 ❷ Where does he have lunch?
 ❸ Where is the bathroom?
 ❹ Where are you?
 ❺ Where does she have her hair done?
 ❻ Where did they come from?
 ❼ Where are you going?
 ❽ What's the hurry?
 ❾ She is not answering.
 ❿ Let me text her.

2
 ❶ Where is *Jinhee*?
 ❷ Where do you meet them?

3
 I can't find my things! ❶ Where is my wallet? Did I leave it in the restaurant? Oh, it's in my pocket. ❷ Where is my cell phone? It's missing. It's here under the folder. By the way, ❸ where did *Jinsoo* go? He has my report. ❹ Where is the meeting being held today? I need to hurry up and prepare for the meeting.

|해석| 내 물건들을 찾을 수가 없어! 내 지갑이 어디 있지? 식당에 두고 왔나? 아, 주머니 속에 있구나. 내 핸드폰은 어디 있지? 보이질 않네. 여기 폴더 밑에 있구나. 그런데 진수 씨는 어디 갔지? 그가 내 보고서를 갖고 있는데. 오늘 회의는 어디서 열리지? 서둘러 회의 준비를 해야겠다.

4
 ❶ The wallet is in the pocket.
 ❷ The cell phone is under the folder.

6th Week

DAY 26

I'm always kind to him, but he isn't to me.

나는 항상 그에게 친절하지만 그는 안 그래요.

▶▶▶ 접속사 but으로 반대 상황 말하기

Dialogue

🎧01 대화 연습하기

Ⓐ I think *Daesup* hates me.

Ⓑ What do you mean?

Ⓐ **I'm always kind to him, but he isn't to me.**

Ⓑ Maybe he is just shy. He is new, you know.

Ⓐ ***Jiman* and *Suyeon* are new, but they are kind.**

Ⓑ I know *Daesup* like a book. He is a nice guy.

Ⓐ **I like *Jiman* and *Suyeon*, but I don't like *Daesup*.**

Ⓑ Be nice. Put yourself in his shoes.

Ⓐ 대섭 씨가 나를 싫어하는 것 같아요.

Ⓑ 무슨 말이에요?

Ⓐ 나는 항상 그에게 친절하지만 그는 안 그래요.

Ⓑ 아마 그냥 부끄러움을 타서 그럴 거예요. 알다시피 신입 직원이잖아요.

Ⓐ 지만 씨와 수연 씨는 신입 직원이지만 친절해요.

Ⓑ 내가 대섭 씨를 잘 알아요. 좋은 사람이에요.

Ⓐ 지만 씨하고 수연 씨는 좋지만 대섭 씨는 싫어요.

Ⓑ 좋게 대해 줘요. 그의 입장이 되어 보세요.

words hate 싫어하다 kind 친절한 shy 부끄러워하는 new 새로 온

More to Know

▶ What do you mean? 무슨 말이에요?
상대방이 한 말에 대한 부연 설명을 요구할 때 흔히 사용하는 질문입니다.

▶ I know *Daesup* like a book. 내가 대섭 씨를 잘 알아요.
누군가를 책을 보듯이 훤히 잘 알고 있다는 의미의 관용적 표현입니다.

▶ Put yourself in his shoes. 그의 입장이 되어 보세요.
남의 입장이 되어 생각해 보라는 관용적인 표현으로 '남의 신발을 신어 봐라.'라고 하지요.

접속사 but

but은 일반적으로 앞 문장과 반대되는 내용의 문장을 연결해 주며 바로 앞에 쉼표(,)를 사용합니다.

He is rich, but she is poor.
그는 부유하지만 그녀는 가난하다.
I am tall, but my sister is short.
나는 키가 크지만 여동생은 작다.

but의 앞뒤 의미가 반대이므로 동사도 반대 형식으로 되는 경우가 많습니다.

He is rich, but she isn't.
그는 부유하지만 그녀는 그렇지 않다.
I was at home, but *Jane* wasn't.
나는 집에 있었지만 제인은 있지 않았다.
My sister studies hard, but my brother doesn't.
내 여동생은 열심히 공부하지만 남동생은 그렇지 않다.

Language Tip 　　　　　발음 익히기

단어 중간에 있는 r의 발음

모음과 자음 사이에 r이 오면 확실하게 발음해 줍니다.

1. '모음+r+자음'은 모음을 발음하면서 혀를 뒤로 말아 r을 발음하고 자음은 받침으로 발음합니다. 먼저 [r] 발음은 혀를 입천장에 닿지 않게 뒤로 말아 넣습니다. 그리고 [르]라고 소리를 내면 됩니다. '모음+r+자음'은 일단 혀를 말아 r을 발음하고 뒤에 오는 자음은 받침으로 발음합니다.

   gorgeous [고어r줘스]　ford [f호r웃]　park [파r억]　shark [쉬아r억]　target [타아r깃]

2. '모음+r+d/t+모음'에서는 [r] 발음을 하지 않습니다. hard는 [하드]가 아니라 [하r얻]이라고 중간 r을 명확히 발음하지만 harder가 되면 [하r어러r]가 아니라 [r]을 생략해 [하러r]로 발음합니다.

[r] 발음이 나는 경우	[r] 발음이 생략되는 경우
record [리코r얻]	recorder [리코더r]
board [보r어얻]	boarder [보어러r]
work [우r억]	worker [워커r]

Exercise

1 Expression Review

빈칸에 알맞은 말을 넣어 영어 표현을 완성하세요.

1 I was at home, _____.

나는 집에 있었지만 제인은 있지 않았다.

2 *Harry* is rich, _____.   해리는 부유하지만 샐리는 가난하다.

3 My sister studies hard, _____.

내 여동생은 열심히 공부하지만 남동생은 그렇지 않다.

4 I like movies, _____.

나는 영화를 좋아하지만 내 친구들은 그렇지 않다.

5 People talk, _____.

사람들은 말을 하지만 동물들은 그렇지 않다.

6 My wife went to a party, _____.

내 아내는 파티에 갔지만 나는 집에 있었다.

7 An orange is sweet, _____.

오렌지는 달지만 레몬은 시다.

8 _____?   무슨 말이에요?

9 _____.   내가 대섭 씨를 잘 알아요.

10 _____.   그의 입장이 되어 보세요.

2 Speaking Quiz

대화문을 총정리하면서 한글 부분을 영어로 말해 보세요.

A I think *Daesup* hates me.

B What do you mean?

A **1** 나는 항상 그에게 친절하지만 그는 안 그래요.

Ⓑ Maybe he is just shy. He is new, you know.

Ⓐ ❷ 지만 씨와 수연 씨는 신입 직원이지만 친절해요.

Ⓑ I know *Daesup* like a book. He is a nice guy.

Ⓐ ❸ 지만 씨하고 수연 씨는 좋지만 대섭 씨는 싫어요.

Ⓑ Be nice. Put yourself in his shoes.

3 Listening Challenge 🎧03
지문을 듣고 빈칸을 채워 보세요.

This is *Jisoo*'s diary:

My coworkers don't understand me. I'm always nice to them,

❶ _____. I think *Daesup* hates me. I'm always

kind to him, ❷ _____. *Jiman* respects me, ❸

_____. *John* said *Daesup* is just shy, but I don't

think so. He never looks at me when I'm talking to him.

4 Comprehension Skill
❸번 지문 내용에 관한 질문에 답해 보세요.

❶ Why does *Jisoo* think her coworkers don't understand her?

_____

❷ Why does she think *Daesup* hates her?

_____

1 ❶ I was at home, but *Jane* wasn't.
　❷ *Harry* is rich, but *Sally* is poor.
　❸ My sister studies hard, but my brother doesn't.
　❹ I like movies, but my friends don't.
　❺ People talk, but animals don't.
　❻ My wife went to a party, but I stayed home.
　❼ An orange is sweet, but a lemon is sour.
　❽ What do you mean?
　❾ I know *Daesup* like a book.
　❿ Put yourself in his shoes.

2 ❶ I'm always kind to him, but he isn't to me.
　❷ *Jiman* and *Suyeon* are new, but they are kind.
　❸ I like *Jiman* and *Suyeon*, but I don't like *Daesup*.

3 This is *Jisoo's* diary:
My coworkers don't understand me. I'm always nice to them, ❶ but they aren't to me. I think *Daesup* hates me. I'm always kind to him, ❷ but he isn't to me. *Jiman* respects me, ❸ but *Daesup* doesn't. *John* said *Daesup* is just shy, but I don't think so. He never looks at me when I'm talking to him.

|해석| 이것은 지수의 일기입니다.
동료들은 날 이해하지 못한다. 나는 항상 그들에게 잘해 주지만 그들은 그렇지 않다. 대섭 씨가 나를 싫어하는 것 같다. 나는 항상 그에게 친절하지만 그는 그렇지 않다. 지만 씨는 나를 존중하지만 대섭 씨는 그렇지 않다. 존은 대섭 씨가 그냥 부끄러워해서 그런다고 하지만 나는 그렇게 생각하지 않는다. 내가 이야기할 때 대섭 씨는 나를 전혀 바라보지 않는다.

4 ❶ She is always nice to them, but they aren't.
　❷ She is always kind to him, but he isn't.

What a beautiful day it is!

정말 아름다운 날이군요!

▶▶▶ 감탄문으로 칭찬하기

Dialogue 대화 연습하기

Ⓐ Good morning!

Ⓑ Morning! **What a beautiful day it is!**

Ⓐ You are happy today. What's up?

Ⓑ **How funny you are!** I'm always happy.

Ⓐ OK, if you say so.

Ⓑ **How serious you are!** Put on a happy face!

Ⓐ Like this?

Ⓑ Yes. **What a beautiful smile you have!**

Ⓐ 안녕하세요!

Ⓑ 안녕! 정말 아름다운 날이군!

Ⓐ 오늘 기분 좋으시네요. 무슨 일 있어요?

Ⓑ 자네 정말 재미있군! 난 항상 기분 좋다고.

Ⓐ 네, 그렇게 말하시니 그렇겠죠.

Ⓑ 자네는 정말 심각해! 기분 좋은 표정 좀 지어 봐요!

Ⓐ 이렇게요?

Ⓑ 그래요. 자네는 미소가 정말 아름답군!

words beautiful 아름다운　funny 우스운, 재미있는　serious 심각한, 진지한

More to Know

▶ **OK, if you say so.** 네, 그렇게 말하신다면 그렇겠죠.
상대의 주장을 그렇다고 인정해 주겠다는 표현입니다. 상황에 따라 약간 비꼬는 듯이 들릴 수 있으니 상사보다는 친한 동료나 친구 사이에 사용하세요.

▶ **Put on a happy face!** 기분 좋은 표정 좀 지어 봐요!
웃어 보라는 의미의 관용적 표현입니다.

▶ **Like this?** 이렇게요?
상대의 지시에 따라 무엇인가를 해 보이며 맞는지 확인하는 표현입니다.

감탄문

감탄문은 주로 what과 how로 시작합니다.

1. What으로 시작하는 감탄문은 〈What+(a/an)+형용사+명사+주어+동사!〉 형식을 사용합니다.

What a foolish man you are! 당신은 정말 어리석은 남자야!
What a beautiful lady she is! 그녀는 정말 아름다운 여자야!
What a fast runner he is! 그는 정말 빨리 달리는 사람이야!
What a good singer you are! 당신은 노래를 정말 잘하는 사람이야!

2. How로 시작하는 감탄문은 〈How+형용사/부사+주어+동사!〉 형식을 사용합니다.

How foolish you are! 당신은 정말 어리석어!
How beautiful she is! 그녀는 정말 아름다워!
How fast he runs! 그는 정말 빨리 달린다!
How well you sing! 당신은 노래를 정말 잘해요!

Language Tip 발음 익히기

tr과 dr의 발음

tr과 dr은 [츄ㄹ]와 [쥬ㄹ]로 발음합니다.

1. tr은 파열음이 아니라 마찰음으로 [트리]가 아니라 [츄ㄹ]로 발음됩니다.

citrus [씨츄러스]   traditional [츄러디셔널]   introduction [인츄러덕션]   tree [츄리]

2. dr도 [쥬ㄹ]로 발음합니다.

dragon [쥬래~건]   dramatic [쥬러매~릭]   drop [쥬랍]   drug [쥬럭]

1 Expression Review
빈칸에 알맞은 말을 넣어 영어 표현을 완성하세요.

❶ What a _____! 당신은 정말 어리석은 남자야!

❷ What a _____! 그녀는 정말 아름다운 여자야!

❸ What a _____! 그는 정말 빠르게 배우는 사람이야!

❹ What a _____! 당신은 노래를 정말 잘하는 사람이야!

❺ How _____! 당신은 정말 어리석어!

❻ How _____! 그녀는 정말 아름다워!

❼ How _____! 그는 정말 빨리 달린다!

❽ _____. 네, 그렇게 말하시니 그렇겠죠.

❾ _____! 기분 좋은 표정 좀 지어 봐요!

❿ _____? 이렇게요?

2 Speaking Quiz
대화문을 총정리하면서 한글 부분을 영어로 말해 보세요.

Ⓐ Good morning!

Ⓑ Morning! ❶ 정말 아름다운 날이군!

Ⓐ You are happy today. What's up?

Ⓑ ❷ 자네 정말 재미있군! I'm always happy.

Ⓐ OK, if you say so.

ⓑ ❸ <u>자네는 정말 심각해!</u> Put on a happy face!

ⓐ Like this?

ⓑ Yes. ❹ <u>자네는 미소가 정말 아름답군!</u>

3 Listening Challenge 🎧03

지문을 듣고 빈칸을 채워 보세요.

I'm extremely happy today. ❶ _____ it is! *Sue* is

wearing a pretty dress. ❷ _____ she is! *John* is working

non-stop. ❸ _____ he is! But *John* never

jokes. ❹ _____ he is! I'm a positive guy. ❺ _____

_____ I am!

4 Comprehension Skill

❸번 지문 내용에 관한 질문에 답해 보세요.

❶ *Sue* is wearing a pretty dress. What would you say about her?

_____

❷ *John* is working non-stop. What would you say about him?

_____

1

1. What a foolish man you are!
2. What a beautiful lady she is!
3. What a fast learner he is!
4. What a good singer you are!
5. How foolish you are!
6. How beautiful she is!
7. How fast he runs!
8. OK, if you say so.
9. Put on a happy face.
10. Like this?

2

1. What a beautiful day it is!
2. How funny you are!
3. How serious you are!
4. What a beautiful smile you have!

3

I'm extremely happy today. ❶ What a beautiful day it is! *Sue* is wearing a pretty dress. ❷ How stylish she is! *John* is working non-stop. ❸ What a hardworking man he is! But *John* never jokes. ❹ How serious he is! I'm a positive guy. ❺ What a funny guy I am!

|해석| 오늘 나는 아주 행복하다. 정말 아름다운 날이다! 수는 예쁜 옷을 입고 있다. 그녀는 정말 멋쟁이다! 존은 쉬지 않고 일한다. 그는 정말 근면하다! 하지만 존은 농담을 전혀 하지 않는다. 그는 정말 심각하다! 나는 긍정적인 사람이다. 나는 정말 재미있는 사람이다!

4

1. How stylish she is!
2. What a hardworking man he is!

She is very beautiful and tall.
그녀는 매우 아름답고 키가 커요.
▶▶▶ *형용사로 사람 묘사하기*

Dialogue

 대화 연습하기

Ⓐ What's up? How is the new client?

Ⓑ **She is very nice.** She is from *Chicago*.

Ⓐ Is she single?

Ⓑ Yes, she is.

Ⓐ What is she like?

Ⓑ **She is very beautiful and tall. She is also very funny.**

Ⓐ Ask her out!

Ⓑ No, I can't. She is my client.

Ⓐ 별일 없나요? 새 고객은 어때요?

Ⓑ 그녀는 아주 상냥해요. 시카고 출신이에요.

Ⓐ 그녀는 독신인가요?

Ⓑ 네, 그래요.

Ⓐ 그녀는 어떤 사람인가요?

Ⓑ 그녀는 매우 아름답고 키가 커요. 아주 재미있기도 해요.

Ⓐ 그녀에게 데이트 신청해요!

Ⓑ 아니, 그럴 수 없어요. 그녀는 제 고객이에요.

words client 고객　single 독신의, 미혼의　funny 재미있는

More to Know

▶ What's up? 별일 없나요?
'무슨 일이야?' 라고 묻는 표현이지만 그냥 잘 지내냐는 인사로도 흔히 사용됩니다.

▶ What is she like? 그녀는 어떤 사람인가요?
What is ~ like?는 어떤 사물이나 사람의 모습, 생김새, 특징을 설명해 달라는 표현이지요.

▶ Ask her out! 그녀에게 데이트 신청해요!
ask someone out은 '~에게 데이트 신청하다' 라는 뜻으로 사용해요.

be동사 + 형용사

사람의 성격/외모를 묘사할 때 〈be동사＋형용사〉 구조를 사용합니다.

주어	긍정 (~이다)	부정 (~아니다)	성격/외모 형용사
I	am ('m)	am not ('m not)	beautiful.
He / She / It	is ('s)	is not (isn't)	
You / We / They	are ('re)	are not (aren't)	

성격 / 외모를 나타내는 형용사

tall 키가 큰	**short** 키가 작은	**cute** 귀여운	**handsome** 잘생긴
kind 친절한	**strict** 엄격한	**old** 나이든	**patient** 인내심 있는
pretty 예쁜	**ugly** 못생긴	**generous** 관대한	

[z] 발음

[z] 발음은 우리말의 [ㅈ] 발음과 다른 소리입니다.

zone [조~온]　　**zoom** [주~움]　**zoo** [주~우]　**zero** [제~로]　　**pizza** [핏자~]
scissor [씨저~]　**zipper** [지~퍼]　de**sign** [디자~인]　chee**se** [치즈~]

[z]는 [ㅈ]보다 조금 더 진동을 일으키며 마찰되어 나는 소리입니다. 혀끝을 이 뒤 끝부분에 갖다 대고 좁은 틈 사이로 공기를 내보내며 성대를 울리며 내는 [즈~] 소리입니다.

다음 단어들을 큰 소리로 따라 읽어 보세요.

de**ss**ert	cra**z**y	la**z**y	free**z**e	**z**ip
rea**s**on	u**s**e	re**s**erve	i**s**	plea**s**e

1 Expression Review
빈칸에 알맞은 말을 넣어 영어 표현을 완성하세요.

❶ _____ tall. 그녀는 키가 커요.

❷ _____ strict. 제 상사는 엄격해요.

❸ _____ reserved. 그들은 내성적이에요.

❹ _____ afraid. 그녀는 두려워하고 있어요.

❺ _____ hungry. 우리는 배가 고파요.

❻ _____ angry. 그는 화나 있어요.

❼ _____ married. 제이슨은 결혼했어요.

❽ _____? 별일 없나요?

❾ _____? 그녀는 어떤 사람인가요?

❿ _____! 그녀에게 데이트 신청해요!

2 Speaking Quiz
대화문을 총정리하면서 한글 부분을 영어로 말해 보세요.

Ⓐ What's up? How is the new client?

Ⓑ ❶ 그녀는 아주 상냥해요. She is from *Chicago*.

Ⓐ Is she single?

Ⓑ Yes, she is.

Ⓐ What is she like?

Ⓑ ❷ 그녀는 매우 아름답고 키가 커요. ❸ 아주 재미있기도 해요.

Ⓐ Ask her out!

Ⓑ No, I can't. She is my client.

3 Listening Challenge 🎧03

지문을 듣고 빈칸을 채워 보세요.

Hello. My name ❶ _____ Lisa. ❷ _____ from *Chicago*. ❸ _____
very tall and thin. I'm active and kind. ❹ _____ interested in art.
My husband ❺ _____ a journalist. ❻ _____ from *Boston*. ❼
_____ quiet and diligent. ❽ _____ both very humorous.

4 Comprehension Skill

❸번 지문 내용에 관한 질문에 답해 보세요.

❶ Where is *Lisa* from?

_____

❷ Is *Lisa* short?

_____

❸ What is *Lisa*'s husband like?

_____

1
- ❶ She is tall.
- ❷ My boss is strict.
- ❸ They are reserved.
- ❹ She is afraid.
- ❺ We are hungry.
- ❻ He is angry.
- ❼ *Jason* is married.
- ❽ What's up?
- ❾ What is she like?
- ❿ Ask her out!

2
- ❶ She is very nice.
- ❷ She is very beautiful and tall.
- ❸ She is also very funny.

3
Hello. My name ❶ is *Lisa*. ❷ I'm from *Chicago*. ❸ I'm very tall and thin. I'm active and kind. ❹ I'm interested in art. My husband ❺ is a journalist. ❻ He is from *Boston*. ❼ He is quiet and diligent. ❽ We are both very humorous.

|해석| 안녕하세요. 제 이름은 리사예요. 저는 시카고 출신이에요. 저는 키가 크고 말랐어요. 저는 활동적이고 친절해요. 미술에 관심이 많아요. 제 남편은 기자예요. 그는 보스턴 출신이에요. 그는 조용하고 부지런해요. 우리는 둘 다 유머가 많답니다.

4
- ❶ She is from *Chicago*.
- ❷ No, she isn't. She is very tall.
- ❸ He is quiet and diligent.

DAY 29 I work harder than *Minseo*.
저는 민서 씨보다 더 열심히 일해요.
▶▶▶ 자신과 동료를 비교급으로 비교하기

Dialogue 대화 연습하기

- Ⓐ Did you hear that *Minseo* got promoted?
- Ⓑ It's not fair! **I work harder than *Minseo*. I am also older than her.**
- Ⓐ Well, but **she has more experience than you.**
- Ⓑ You think so?
- Ⓐ She nailed all of her projects.
- Ⓑ When will I become a manager?
- Ⓐ Work your way through steadily.

- Ⓐ 민서 씨가 승진했다는 소식 들었어요?
- Ⓑ 그건 불공평해요! 저는 민서 씨보다 더 열심히 일해요. 또 나이도 그녀보다 더 많고요.
- Ⓐ 글쎄요, 하지만 그녀는 당신보다 경험이 더 많아요.
- Ⓑ 그렇게 생각하세요?
- Ⓐ 그녀는 모든 프로젝트를 완벽하게 해냈잖아요.
- Ⓑ 저는 언제 과장이 될까요?
- Ⓐ 꾸준히 일하며 헤쳐 나가세요.

words get promoted 승진하다 fair 공평한 nail 완벽하게 해내다 steadily 꾸준하게

More to Know

▶ It's not fair! 그건 불공평해요!
뭔가 부당하다고 느껴지는 상황에서 외쳐 보세요.

▶ Work your way through steadily. 꾸준히 일하며 헤쳐 나가세요.
work one's way through는 '처음부터 끝까지 다 하다' 라는 의미입니다.

형용사의 비교급

2개 이상의 대상을 비교할 때 '더 ~이다[하다]'라는 의미로 〈형용사+-er〉 또는 〈more+형용사〉 형태의 비교급을 사용합니다. '~보다 더 ~하다'의 구조를 만들려면 비교급 뒤에 than을 넣습니다.

1. 1음절 형용사는 뒤에 -er을 붙여 줍니다. -y로 끝나는 형용사는 y를 i로 고쳐 -er을 붙입니다.

old – older   slow – slower   cheap – cheaper

nice – nicer   late – later   big – bigger

easy – easier   heavy – heavier   early – earlier

Rome is old, but *Athens* is older. 로마는 오래되었지만 아테네는 더 오래되었다.

Helen wants a bigger car. 헬렌은 더 큰 차를 원한다.

He is younger than me. 그는 나보다 어리다.

2. 2음절 이상의 형용사는 앞에 more를 붙입니다.

careful → more careful   polite → more polite   expensive → more expensive

You should be more careful. 너는 더 조심해야 한다.

This book is more interesting than that book. 이 책은 저 책보다 더 재미있다.

3. good/well은 better, bad는 worse로 비교급이 완전히 다르게 변합니다.

I'm feeling better today than yesterday. 나는 어제보다 기분이 더 좋다.

[ɔ]와 [ɔː] 발음

1. 모음 au의 발음 [ɔː]는 [어어]로 발음합니다.

– au는 모음이 두 개인 이중 모음 형태를 취하고 있지만 발음 기호를 보면 하나의 모음처럼 발음합니다. [어] 발음보다는 입을 더 크게 벌려 발음하여 [아]로 들릴 수도 있습니다.

sauna [써어나]   cause [커어즈]   daughter [더어러]   Paul [퍼얼]

2. [ɔ]는 [ɑ]로 발음되기도 합니다.

– [어]로 발음되는 [ɔ]는 [ɑ] 즉 [아아]로 강하게 발음되는 경우가 많습니다.

	일반 발음	강한 발음
comedy	커미리	카아미리
modern	머른	마아른
college	컬리쥐	카알리쥐
hospital	허스삐를	하아스삐를

Exercise

1 Expression Review
빈칸에 알맞은 말을 넣어 영어 표현을 완성하세요.

❶ I _____ *John*. 나는 존보다 키가 더 커요.

❷ You _____ than me. 저보다 당신이 요리를 더 잘해요.

❸ They don't have much money. You _____ them.
그들은 돈이 별로 없어요. 당신은 그들보다 돈이 더 많아요.

❹ His chair _____ mine. 그의 의자가 내 것보다 더 편하다.

❺ It _____ today than yesterday. 오늘이 어제보다 더 덥다.

❻ *Mina* works _____ *John*. 미나는 존보다 더 열심히 일한다.

❼ They _____ me. 그들은 나보다 나이가 더 많아요.

❽ _____! 그건 불공평해요!

❾ _____. 꾸준히 일하며 헤쳐 나가세요.

❿ _____. 그녀는 모든 프로젝트를 완벽하게 해냈잖아요.

2 Speaking Quiz
대화문을 총정리하면서 한글 부분을 영어로 말해 보세요.

Ⓐ Did you hear that *Minseo* got promoted?

Ⓑ It's not fair! ❶ 저는 민서 씨보다 더 열심히 일해요. ❷ 또 나이도 그녀보다 더 많고요.

Ⓐ Well, but ❸ 그녀는 당신보다 경험이 더 많아요.

Ⓑ You think so?

Ⓐ She nailed all of her projects.

Ⓑ When will I become a manager?

Ⓐ Work your way through steadily.

3 Listening Challenge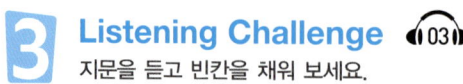
지문을 듣고 빈칸을 채워 보세요.

Mina and *Miran* are twins. They have many things in common, but there are also some differences. *Mina* ❶ _____

Miran. Miran speaks ❷ _____ *Mina. Miran* ❸ _____

_____ *Mina.* But *Mina* ❹ _____ than *Miran.*

She also ❺ _____ *than Miran.*

4 Comprehension Skill
3번 지문 내용에 관한 질문에 답해 보세요.

❶ Who is taller?

_____

❷ Who sings better?

_____

1
① I am taller than *John*.
② You cook better than me.
③ They don't have much money. You have more money than them.
④ His chair is more comfortable than mine.
⑤ It is hotter today than yesterday.
⑥ *Mina* works harder than *John*.
⑦ They are older than me.
⑧ It's not fair!
⑨ Work your way through steadily.
⑩ She nailed all of her projects.

2
① I work harder than *Minseo*.
② I am also older than her.
③ she has more experience than you.

3
Mina and *Miran* are twins. They have many things in common, but there are also some differences. *Mina* ① is a little taller than *Miran*. *Miran* speaks ② faster than *Mina*. *Miran* ③ is more active than *Mina*. But *Mina* ④ is more creative than *Miran*. She also ⑤ sings better than *Miran*.

|해석| 미나와 미란은 쌍둥이입니다. 비슷한 점이 많지만 다른 점도 있지요. 미나는 미란보다 키가 약간 더 큽니다. 미란은 미나보다 말을 더 빨리해요. 미란은 미나보다 더 활동적이고요. 하지만 미나는 미란보다 더 창의적이랍니다. 또한 그녀는 미란보다 노래를 더 잘해요.

4
① *Mina* is a little taller than *Miran*.
② *Mina* sings better than *Miran*.

DAY 30

Jiyong's sales are the biggest.
지용 씨의 매출이 가장 크네요.
▶▶▶ 최고의 실적 최상금으로 뽐내기

Dialogue

 대화 연습하기

Ⓐ How is your sales report?

Ⓑ Better than before.

Ⓐ Let me see it. Your sales are bigger than mine. Good job!

Ⓑ **Our team's sales record is the highest.**

Ⓐ *Jiyong*'s sales are the biggest.

Ⓑ Tell me about it. *Jiyong* is the best
  salesperson in our company.

Ⓐ 당신의 매출 보고서는 어때요?

Ⓑ 전보다 나아요.

Ⓐ 한번 볼게요. 당신의 매출이 제 것보다 크네요.
  잘하셨어요!

Ⓑ 우리 팀의 매출 기록이 가장 높아요.

Ⓐ 지용 씨의 매출이 가장 크네요.

Ⓑ 그러게 말이에요. 지용 씨가 우리 회사의 최우수 영업사원이에요.

---

words sales report 매출 보고서   sales record 매출 기록

More to Know

▶ Better than before. 전보다 나아요.
  이전보다 상황이 나아졌거나 기분이 더 좋을 때 Better than before.라고 답변해 보세요.

▶ Let me see it. 한번 볼게요.
  한번 직접 보고 확인하자는 의미로 쓰입니다.

▶ Tell me about it. 그러게 말이에요.
  '그러게 말이야. / 내 말이 그말이야. / 두말하면 잔소리지.' 등의 의미로 상대의 말에 전적으로 동
  의할 때 Tell me about it.이라고 한답니다.

164 6th Week

Grammar Point

형용사의 최상급

둘 이상의 사람이나 사물 가운데 정도가 가장 심한 것을 최상급으로 표현합니다.
최상급 앞에는 정관사 the를 붙여야 합니다.

1. 1음절 형용사는 뒤에 -est를 붙입니다. -y로 끝나는 단어는 y를 i로 고치고 -est를 붙입니다.

   old → oldest   slow → slowest   cheap → cheapest   easy → easiest

2. 2음절 이상의 형용사는 앞에 **most**를 붙입니다.

   careful → most careful   expensive → most expensive

3. **good**과 **bad**의 최상급은 완전히 다른 형태가 됩니다.

   good/well → best   bad → worst

   Jiyong's sales are the biggest.
   지용 씨의 매출이 가장 크네요.

   Jiyong is the best salesperson in our company.
   지용 씨가 우리 회사의 최우수 영업사원이에요.

Language Tip

-er / more / -est / most의 발음

기능적인 부분이라 크게 강세를 두지 않고 자연스럽게 앞뒤 단어에 묻혀 지나가도록 발음합니다.

Tom is **taller than** John.
[톨러 댄]이 아니라 [톨 어댄]으로 발음합니다.

This is **more expensive** than that.
강세는 more[모어]보다는 expensive[익스펜십]에 줍니다.

Tom is the **tallest** of all.
[톨러스트]가 아니라 [톨러슷]으로 발음합니다.

This is the **most expensive**.
강세는 most[모스트]보다는 expensive[익스펜십]에 줍니다.

1 Expression Review

빈칸에 알맞은 말을 넣어 영어 표현을 완성하세요.

① He wants _____ car. 그는 가장 큰 차를 원한다.

② *Jiyong* is _____ worker. 지용은 가장 열심히 일하는 사람이다.

③ *Russia* is _____ country in *Europe*.

러시아는 유럽에서 가장 큰 나라이다.

④ It was _____ day of the year. 1년 중 가장 추운 날이었다.

⑤ He's _____ person I've ever met.

그는 내가 여태껏 만나 본 가장 지루한 사람이었다.

⑥ It was _____ day of my life. 평생 가장 행복한 날이었다.

⑦ _____. 전보다 나아요.

⑧ _____. 한번 볼게요.

⑨ _____! 잘했어요!

⑩ _____. 그러게 말이에요.

2 Speaking Quiz

대화문을 총정리하면서 한글 부분을 영어로 말해 보세요.

Ⓐ How is your sales report?

Ⓑ Better than before.

Ⓐ Let me see it. Your sales are bigger than mine. Good job!

Ⓑ **①** 우리 팀의 매출 기록이 가장 높아요.

Ⓐ ❷ 지용 씨의 매출이 가장 크네요.

Ⓑ Tell me about it. ❸ 지용 씨가 우리 회사의 최우수 영업사원이에요.

3 Listening Challenge 🎧 03

지문을 듣고 빈칸을 채워 보세요.

Jiyong is a good salesperson. His sales this year was 450 million won. *Sungtae* was last year's ❶ _____ salesperson. But this year, *Jiyong's* sales are bigger than *Sungtae's. Jiyong's* sales are ❷ _____ among all salesmen in *ABC. Jiyong* is ❸ _____ this year.

4 Comprehension Skill

❸번 지문 내용에 관한 질문에 답해 보세요.

❶ Who was last year's best salesperson?

_____

❷ Who is this year's best salesperson?

_____

1
1. He wants the biggest car.
2. *Jiyong* is the hardest worker.
3. *Russia* is the biggest country in *Europe*.
4. It was the coldest day of the year.
5. He's the most boring person I've ever met.
6. It was the happiest day of my life.
7. Better than before.
8. Let me see it.
9. Good job!
10. Tell me about it.

2
1. Our team's sales record is the highest.
2. *Jiyong*'s sales are the biggest.
3. *Jiyong* is the best salesperson in our company.

3
Jiyong is a good salesperson. His sales this year was 450 million won. *Sungtae* was last year's ❶ best salesperson. But this year, *Jiyong*'s sales are bigger than *Sungtae*'s. *Jiyong*'s sales are ❷ the biggest among all salesmen in *ABC*. *Jiyong* is ❸ the best salesperson this year.

|해석| 지용 씨는 훌륭한 영업사원입니다. 올해 그의 매출은 4억 5천만 원이었습니다. 성태 씨는 작년의 최고 영업사원이었습니다. 그러나 올해에는 지용 씨의 매출이 성태 씨의 것보다 더 큽니다. ABC 사의 모든 영업사원 중 지용 씨의 매출이 가장 큽니다. 지용 씨는 올해 최고의 영업사원입니다.

4
1. *Sungtae* was last year's best salesperson.
2. *Jiyong* is this year's best salesperson.

7th Week

DAY 31

What did you do at the meeting?
회의에서는 무엇을 하셨나요?

▶▶▶ *What did you ~? 로 무슨 일을 했는지 물어보기*

Dialogue

 대화 연습하기

Ⓐ You are here, finally.

Ⓑ Sorry, I'm a little late. I was having lunch with my clients.

Ⓐ **What did you have?**

Ⓑ We had some pizza after the meeting.

Ⓐ **What did you do at the meeting?**

Ⓑ We discussed the terms of the contract.

Ⓐ I see. **What did you find out?**

Ⓑ Nothing much. It was just for confirmation.

Ⓐ 드디어 오셨군요.

Ⓑ 미안해요. 제가 조금 늦었네요. 고객들과 점심을
먹느라고요.

Ⓐ 뭘 드셨나요?

Ⓑ 우리는 회의 후에 피자를 먹었어요.

Ⓐ 회의에서는 뭘 하셨나요?

Ⓑ 우리는 계약 조건을 논의했어요.

Ⓐ 그렇군요. 뭘 발견하셨나요?

Ⓑ 별것 없어요. 그냥 확인하기 위한 회의였어요.

---

words discuss 논의하다 terms 조건, 조항 contract 계약 confirmation 확인

More to Know

▶ I'm a little late. 제가 조금 늦었네요.
조금 늦었을 때 사과하면서 사용하세요.

▶ Nothing much. 별것 없어요.
별로 중요한 것이 없다는 의미로 사용합니다.

What 의문문

무엇을 했는지, 그 대상에 대해 밝히기 위해 질문을 할 때 의문사 what를 사용합니다.
과거의 행위를 물어볼 때는 과거형, 즉 〈What did + 주어 + 동사원형?〉의 구조로 질문합니다.

의문사	조동사	주어	동사원형
What	did	you	do yesterday?
		she/he	eat last night?
		they	find out?
		we	discuss last class?

What did you watch last night? 어제 무슨 영화를 봤나요?
What did you study at school? 학교에서 뭘 공부했나요?
What did you have for lunch? 점심으로 무엇을 드셨나요?
What did you buy at the department store? 백화점에서 무엇을 사셨나요?

[r]처럼 약화되는 [t] 발음

강세가 들어간 모음을 '강모음'이라고 하고, 강세가 들어가지 않는 모음을 '약모음'이라고 합니다.
'강모음+t/d+약모음'에서 [t]나 [d]는 [r]과 비슷한 발음이 됩니다. 미국인들은 [t]나 [d]처럼 혀가
입천장에 붙었다 떨어져야 하는 파열음은 정확히 발음하지 않는 경향이 있습니다. 따라서 [t]나 [d]
발음을 약화시키면서 혀를 입천장에 살짝 대면서 발음하다 보니 [r]과 비슷한 발음이 나오게 됩니다.
하지만 [t] 다음에 강모음이 오면 [t] 발음이 그대로 유지됩니다.

dramatic [쥬러매~릭] 　video [뷔리오]

강모음과 약모음 사이에 tt가 와도 이런 현상이 나타납니다.
battery [배~러뤼] 　cutter [커러] 　better [배러]

모음 뒤에 ted가 오면 같은 현상에 의해 [r]로 발음이 됩니다.
united [유나이릿] 　related [릘래~이릿]

강모음과 약모음 사이에 rt나 rd가 와도 같은 현상에 의해 r과 d가 [r]과 비슷한 발음으로 변합니다.
artist [아리스] 　liberty [(을)리버리]

1 Expression Review

빈칸에 알맞은 말을 넣어 영어 표현을 완성하세요.

❶ _____ have for lunch? 점심으로 무엇을 드셨나요?

❷ _____ do at the meeting? 그는 회의에서 무엇을 했나요?

❸ _____ find out? 그들은 무엇을 발견했나요?

❹ _____ watch at the theater? 극장에서 무엇을 봤나요?

❺ _____ buy at the mall? 그녀가 쇼핑몰에서 무엇을 샀나요?

❻ _____ bring to the party? 파티에 무엇을 가져오셨나요?

❼ _____ discuss last night? 그들은 어젯밤에 무엇을 의논했나요?

❽ _____ . 제가 조금 늦었네요.

❾ _____ . 그렇군요.

❿ _____ . 그냥 확인하기 위한 것이었어요.

2 Speaking Quiz

대화문을 총정리하면서 한글 부분을 영어로 말해 보세요.

Ⓐ You are here, finally.

Ⓑ Sorry, I'm a little late. I was having lunch with my clients.

Ⓐ ❶ 뭘 드셨나요?

Ⓑ We had some pizza after the meeting.

Ⓐ ② 회의에서는 뭘 하셨나요?

Ⓑ We discussed the terms of the contract.

Ⓐ I see. ③ 뭘 발견하셨나요?

Ⓑ Nothing much. It was just for confirmation.

3 Listening Challenge 🎧03

대화를 듣고 빈칸을 채워 보세요.

Ⓐ ❶ _____ the meeting with them?

Ⓑ It went well.

Ⓐ ❷ _____ discuss?

Ⓑ We discussed the possible merger.

Ⓐ ❸ _____ after the meeting?

Ⓑ We had a nice dinner together.

4 Comprehension Skill

3번 대화 내용에 관한 질문에 답해 보세요.

❶ What did they discuss?

_____

❷ What did they do after the meeting?

_____

1 ❶ What did you have for lunch?

❷ What did he do at the meeting?

❸ What did they find out?

❹ What did you watch at the theater?

❺ What did she buy at the mall?

❻ What did you bring to the party?

❼ What did they discuss last night?

❽ I'm a little late.

❾ I see.

❿ It was just for confirmation.

2 ❶ What did you have?

❷ What did you do at the meeting?

❸ What did you find out?

3 Ⓐ ❶ How was the meeting with them?

Ⓑ It went well.

Ⓐ ❷ What did you discuss?

Ⓑ We discussed the possible merger.

Ⓐ ❸ What did you do after the meeting?

Ⓑ We had a nice dinner together.

|해석| Ⓐ 그들과의 회의가 어땠나요?

Ⓑ 잘 진행됐습니다.

Ⓐ 무엇을 의논했나요?

Ⓑ 우리는 가능한 합병을 의논했어요.

Ⓐ 회의 후에는 무엇을 했나요?

Ⓑ 우리는 함께 맛있는 저녁을 먹었어요.

4 ❶ They discussed the possible merger.

❷ They had a nice dinner together.

Let me hold your bag for you.
제가 가방을 들어 드리죠.
▶▶▶ 사역동사로 부드럽게 말하기

Dialogue 대화 연습하기

Ⓐ Welcome to *ABC*.

Ⓑ Thanks for inviting me.

Ⓐ **Let me introduce you to my boss.** This way, please.

Ⓑ **Let me get my business card ready.**

Ⓐ Sure, **let me hold your bag for you.**

Ⓑ Thanks a lot.

Ⓐ ABC 사에 오신 것을 환영합니다.

Ⓑ 초대해 주셔서 감사합니다.

Ⓐ 제 상사에게 소개해 드리겠습니다. 이쪽으로 오시죠.

Ⓑ 제 명함을 준비하겠습니다.

Ⓐ 그러세요. 제가 가방을 들어 드리죠.

Ⓑ 정말 감사합니다.

words invite 초대하다   business card 명함

More to Know

▶ Welcome to *ABC*. ABC 사에 오신 것을 환영합니다.
'~에 오신 것을 환영합니다' 라는 의미로 〈Welcome to + 장소〉를 사용합니다. '웰컴투 동막
골' 이란 영화를 생각하면 쉽게 기억할 수 있겠지요?

▶ Thanks for inviting me. 초대해 주셔서 감사합니다.
초대받은 곳에 갔을 때 이렇게 자연스럽게 인사하세요.

▶ This way, please. 이쪽으로 오세요.
방문객을 친절하게 로비나 회의실로 안내하면서 This way, please.라고 하세요.

사역동사 let으로 시작하는 표현

사역동사 let은 '~하는 것을 허락하다, ~하게 하다'라는 의미가 있으며 〈Let+목적어+동사원형〉 구조로 사용됩니다.

사역동사	목적어	동사원형	목적어
Let	me/him/her/us /them	do/have/eat /sing	this.

Let us가 축약된 Let's는 동사원형과 함께 '~합시다'라는 의미로 쓰입니다.

Let's listen one more time. 한 번 더 들어 봅시다.

〈Let me+동사원형〉은 '제가 ~해 드리겠습니다'라는 의미로 자주 쓰입니다.

Let me introduce myself. 제 소개를 하겠습니다.
Let me tell you about my job. 제 일에 대해 말씀 드리겠습니다.
Let me pour it for you. 제가 따라 드리죠.

Language Tip   표현 익히기

한자 같은 영어?

우리말에서 한자어가 어려운 단어인 것처럼 영어에서도 라틴어나 그리스어 어원의 단어들이 어려운 편에 속합니다. 반면 기본 동사인 put, turn, go, give, take 등에 부사나 전치사를 더한 동사구 (phrasal verb)는 일상적인 상황에 흔히 사용됩니다.

turn down = reject 거절하다
go off = explode 폭발하다
give up = abandon 포기하다
put off = postpone 미루다

reject, explode, postpone, abandon과 같은 동사는 라틴어나 고대 그리스어에 어원을 두고 있어 대화체보다는 작문 등의 문어체에서 많이 쓰이고 대화상 쓰이더라도 공식 회의나 발표 등 진지한 분위기에 어울립니다.

1 Expression Review

빈칸에 알맞은 말을 넣어 영어 표현을 완성하세요.

❶ _____ do it. 제가 할게요.

❷ _____ go. 갑시다.

❸ _____ prove it. 그가 증명하게 하세요.

❹ I will _____ take this. 이걸 당신이 가져가시도록 할게요.

❺ _____ sing this song. 이 노래를 부릅시다.

❻ _____ go. 나를 가게 해 줘요.

❼ _____ do a presentation. 그녀가 발표하게 하세요.

❽ _____. ABC 사에 오신 것을 환영합니다.

❾ _____. 초대해 주셔서 감사합니다.

❿ _____. 이쪽으로 오시죠.

2 Speaking Quiz

대화문을 총정리하면서 한글 부분을 영어로 말해 보세요.

Ⓐ Welcome to *ABC*.

Ⓑ Thanks for inviting me.

Ⓐ ❶ 제 상사에게 소개해 드리겠습니다. This way, please.

Ⓑ ❷ 제 명함을 준비하겠습니다.

A Sure, ❸ 제가 가방을 들어 드리죠.

B Thanks a lot.

3 Listening Challenge 🎧 03

다음을 듣고 빈칸을 채워 보세요.

Hello, everyone. Thank you for participating in today's sales seminar. ❶ _____ the show. Well, first off, ❷ _____ _____ myself briefly. I'm *Jang Hajoon* from Sales Department. For those of you who are standing in the back, you may come in front. ❸ _____ in the VIP area. Shall we begin? OK, ❹ _____ this chart.

4 Comprehension Skill

다음 질문에 사역동사 let을 사용하여 답해 보세요.

❶ What do you say when you introduce yourself?

_____

❷ What do you say when you show something to the audience?

_____

1
1. Let me do it.
2. Let's go.
3. Let him prove it.
4. I will let you take this.
5. Let us sing this song.
6. Let me go.
7. Let her do a presentation.
8. Welcome to *ABC*.
9. Thanks for inviting me.
10. This way, please.

2
1. Let me introduce you to my boss.
2. Let me get my business card ready.
3. let me hold your bag for you.

3
Hello, everyone. Thank you for participating in today's sales seminar. ① Let's begin the show. Well, first off, ② let me introduce myself briefly. I'm *Jang Hajoon* from Sales Department. For those of you who are standing in the back, you may come in front. ③ Let them have a seat in the VIP area. Shall we begin? OK, ④ let us take a look at this chart.

|해석| 여러분 안녕하세요. 오늘 영업 세미나에 참석해 주셔서 감사합니다. 시작하도록 하지요. 자, 먼저 간단히 제 소개를 하지요. 저는 영업부의 장하준입니다. 뒤에 서 계신 분들은 앞으로 오셔도 됩니다. 그분들이 VIP 구역에 앉도록 해 주세요. 시작할까요? 자, 이 차트를 한번 봐 주십시오.

4
1. Let me introduce myself.
2. Let us take a look at this.

Will you do me a favor?
부탁 좀 들어줄래요?
▶▶▶ *Will you ~?* 로 의향을 물어보기

Dialogue

 대화 연습하기

Ⓐ **Will you do me a favor?**

Ⓑ OK, what is it?

Ⓐ **Will you go on a business trip to *Busan* instead of me?**

Ⓑ Why? You wanted to go.

Ⓐ Yeah, but something came up.

Ⓑ I see. I'm happy to spend some time in *Busan*.

Ⓐ Oh, that's great!

Ⓑ But **will you take care of the *ABC* project while I'm away?**

Ⓐ Sure, leave it to me.

Ⓐ 부탁 좀 들어줄래요?

Ⓑ 그래요. 뭔데요?

Ⓐ 저 대신 부산으로 출장 가실래요?

Ⓑ 왜요? 가고 싶어 하셨잖아요.

Ⓐ 네, 하지만 일이 좀 생겼어요.

Ⓑ 그렇군요. 저야 부산에서 시간을 보내면 좋죠.

Ⓐ 아, 그거 잘됐군요!

Ⓑ 그런데 제가 나가 있는 동안 ABC 프로젝트를 처리해 주실래요?

Ⓐ 그러죠. 저한테 맡기세요.

words favor 부탁　come up 생기다, 발생하다　take care of 돌보다, 처리하다

More to Know

▶ Will you do me a favor? 부탁 좀 들어줄래요?
do me a favor는 '내 부탁을 들어주다' 라는 의미의 표현이에요.

▶ Something came up. 일이 좀 생겼어요.
갑작스런 사정이 생겼다고 말할 때 유용한 표현입니다.

의향을 묻는 Will you ~?

'~하시겠어요?' 라는 의미로 상대의 의향을 물어보며 부탁할 때는 Will you ~?를 사용합니다.

조동사	주어	동사원형
Will	you	join me?
		help me?
		do this for me?
		trust me?
		be quiet?
		come to the party?

상대의 의향을 물어볼 때에 한정해 Will you ~?를 사용하고 '우리 ~할까요?'라고 할 때는 Will we ~?라고 하지 않고 Shall we ~?라고 합니다. 마찬가지로 '제가 ~할까요?'라고 할 때에도 Will I ~?라고 하지 않고 Shall I ~?라고 합니다.

[s] 뒤에 오는 t, d, th의 발음 생략

[s] 뒤에 t, d, th가 올 때는 좀 더 발음하기 쉬운 [s]를 남기고 뒤에 오는 t, d, th이 발음을 생략하는 경우가 많습니다. 미국식 영어의 경우 의사소통에 장애가 되지 않는 범위 내에서 최대한 발음을 생략하는 경향이 있지요.

단어	빠른 발음	일반적인 발음
next	[넥스]	[넥스트]
is this	[이지스]	[이즈 디스]
what's that	[워 잿]	[왓스 댓]
test this	[테 시스]	[테스트 디스]
wants to	[원 쑤]	[원스 투]

1 Expression Review

빈칸에 알맞은 말을 넣어 영어 표현을 완성하세요.

① _____ to my house? 저희 집에 오시겠어요?

② _____ dance with me? 저와 함께 춤추시겠어요?

③ _____ speak louder? 더 크게 말씀해 주시겠어요?

④ _____ join us? 저희와 함께하시겠어요?

⑤ _____ carry this for me? 이것 좀 들어 주시겠어요?

⑥ _____ go hiking with me? 저와 함께 하이킹하러 가시겠어요?

⑦ _____ bring me some water? 물 좀 가져다주시겠어요?

⑧ _____. 일이 좀 생겼어요.

⑨ _____! 그거 잘됐군요!

⑩ _____. 저한테 맡기세요.

2 Speaking Quiz

대화문을 총정리하면서 한글 부분을 영어로 말해 보세요.

Ⓐ ❶ 부탁 좀 들어줄래요?

Ⓑ OK, what is it?

Ⓐ ❷ 저 대신 부산으로 출장 가실래요?

Ⓑ Why? You wanted to go.

Ⓐ Yeah, but something came up.

B I see. I'm happy to spend some time in *Busan*.

A Oh, that's great!

B But ❸ 제가 나가 있는 동안 ABC 프로젝트를 처리해 주실래요?

A Sure, leave it to me.

3 Listening Challenge 🎧 03

대화를 듣고 빈칸을 채워 보세요.

A You are late again. ❶ _____ please be on time?

B Sorry.

A ❷ _____ *Jane* with the project?

B Yes, I will.

A *Jane*, ❸ _____ *Sam* about your project?

C Sure.

4 Comprehension Skill

③번 대화 내용에 관한 질문에 답해 보세요.

❶ What is the boss angry about?

_____

❷ What does the boss want *Sam* do?

_____

1. ❶ Will you come to my house?
   ❷ Will you dance with me?
   ❸ Will you speak louder?
   ❹ Will you join us?
   ❺ Will you carry this for me?
   ❻ Will you go hiking with me?
   ❼ Will you bring me some water?
   ❽ Something came up.
   ❾ That's great!
   ❿ Leave it to me.

2. ❶ Will you do me a favor?
   ❷ Will you go on a business trip to *Busan* instead of me?
   ❸ will you take care of the *ABC* project while I'm away?

3. Ⓐ You are late again. ❶ Will you please be on time?
   Ⓑ Sorry.
   Ⓐ ❷ Will you help *Jane* with the project?
   Ⓑ Yes, I will.
   Ⓐ *Jane*, ❸ will you tell *Sam* about your project?
   Ⓒ Sure.

   |해석| Ⓐ 또 늦었군요. 제발 정시에 와 주실래요?
   　　 Ⓑ 죄송합니다.
   　　 Ⓐ 제인이 프로젝트를 진행하는 것을 도와줄래요?
   　　 Ⓑ 네, 그러죠.
   　　 Ⓐ 제인, 샘한테 당신 프로젝트에 대해 알려 줄래요?
   　　 Ⓒ 그러죠.

4. ❶ He is angry that *Sam* is late again.
   ❷ He wants *Sam* to help *Jane* with the project.

DAY 34 You are tired, aren't you?

피곤하시죠, 그렇지 않나요?

▶▶▶ 부가의문문으로 재차 확인하기

Dialogue
 대화 연습하기

Ⓐ I need more coffee.

Ⓑ **You are tired, aren't you?**

Ⓐ I'm dozing off.

Ⓑ **You didn't go home last night, did you?**

Ⓐ How did you know?

Ⓑ You are wearing the same clothes.

Ⓐ Oops! **You are making me embarrassed, aren't you?**

Ⓑ No, I'm praising you. You worked all night.

Ⓐ It's not what you think.

Ⓐ 커피가 더 필요해요.

Ⓑ 피곤하시죠, 그렇지 않나요?

Ⓐ 꾸벅꾸벅 졸고 있어요.

Ⓑ 어젯밤에 집에 안 가셨죠, 그렇죠?

Ⓐ 어떻게 아셨어요?

Ⓑ 같은 옷을 입고 계시잖아요.

Ⓐ 아이고! 나를 당혹스럽게 만들려는 거죠, 그렇지 않나요?

Ⓑ 아니요. 칭찬하는 거예요. 밤새 일하셨잖아요.

Ⓐ 당신이 생각하는 것은 아니예요.

words doze off 꾸벅꾸벅 졸다　embarrassed 당혹스러운　praise 칭찬하다

More to Know

▶ I'm dozing off. 꾸벅꾸벅 졸고 있어요.
I feel drowsy.라는 표현도 사용할 수 있어요.

▶ It's not what you think. 당신이 생각하는 것은 아니예요.
'당신이 생각하는 그런 게 아니니까 속단하지 말라.' 라는 의미의 표현입니다.

부가의문문

have you?/is it?/can't she? 등을 문장 맨 뒤에 덧붙여 확인하는 듯한 뉘앙스를 줄 수 있습니다. 이처럼 뒤에 덧붙는 짤막한 의문문을 부가의문문이라고 합니다.

긍정문에는 부정의 부가의문문을 붙여 줍니다.

It's a nice day, isn't it?
Kate lives in *Busan*, doesn't she?
You opened the door, didn't you?
Those pants are nice, aren't they?
Mina will be here soon, won't she?

부정문에는 긍정의 부가의문문을 붙여 줍니다. 부정 의문문이든 긍정 의문문이든 사실이 아니면 No, 사실이면 Yes로 대답합니다.

That isn't your car, is it? → No, that's my sister's.
You haven't met him, have you? → No, I haven't.
Lucy doesn't have a dog, does she? → No, she doesn't.
You won't be home, will you? → No, I won't.

모음 앞의 [h] 발음 탈락

[h]는 성대를 울리지 않으며 발음하는 '무성음'입니다. [ㅎ] 발음으로 공기가 입에서 빠져 나가는 소리입니다. 따라서 [h] 다음에 모음이 오면 [h]의 발음은 자연스럽게 생략됩니다. [h] 뒤에 모음이 와서 무성음과 유성음이 만나면 발음하기 어려워집니다. 모음(a, i, e, o, u)은 모두 성대를 울려 내는 유성음이기 때문이지요. 그래서 미국식 영어에서는 [h] 발음을 자주 생략한답니다.

but her [버러]   give her [기버]   come here [커미어]
does he [더시]   of his car [어비스 카r]

마찬가지로 have나 has 같은 조동사가 문장 앞에 오는 경우에도 미국식 영어에서는 [h] 발음이 생략되는 경우가 많습니다.

has he [어지]   have we [어뷔]   has she [어쉬]

1 Expression Review
빈칸에 알맞은 말을 넣어 영어 표현을 완성하세요.

1 It's a nice day, _____? 날씨가 좋네요, 그렇지 않나요?

2 *Anna* was at the party, _____?

애나가 파티에 있었지요. 그렇지 않았나요?

3 You've been to *Japan*, _____? 일본에 가 보셨죠, 그렇지 않나요?

4 You'll help me, _____? 저를 도와주실 거죠, 그렇지 않나요?

5 You haven't eaten yet, _____? 아직 식사 안 하셨죠, 그렇죠?

6 You aren't tired, _____? 피곤하지 않죠, 그렇죠?

7 The movie wasn't very good, _____?

그 영화 별로 좋지 않았죠, 그렇죠?

8 _____. 꾸벅꾸벅 졸고 있어요.

9 _____. 당신을 칭찬하는 거예요.

10 ____ _____. 당신이 생각하는 것은 아니예요.

2 Speaking Quiz
대화문을 총정리하면서 한글 부분을 영어로 말해 보세요.

Ⓐ I need more coffee.

Ⓑ **1** 피곤하시죠, 그렇지 않나요?

Ⓐ I'm dozing off.

Ⓑ **2** 어젯밤에 집에 안 가셨죠, 그렇죠?

Ⓐ How did you know?

Ⓑ You are wearing the same clothes.

Ⓐ Oops! ❸ 나를 당혹스럽게 만들려는 거죠, 그렇지 않나요?

Ⓑ No, I'm praising you. You worked all night.

Ⓐ It's not what you think.

3 Listening Challenge 🎧03

대화를 듣고 빈칸을 채워 보세요.

Ⓐ It's a nice day, ❶ _____ ?

Ⓑ Yes, it's beautiful.

Ⓐ You speak *Chinese*, ❷ _____ ?

Ⓑ Yes, but not very well.

Ⓐ *Bill* looks tired, ❸ _____ ?

Ⓑ Yes, he works very hard.

4 Comprehension Skill

❸번 대화 내용에 관한 질문에 답해 보세요.

❶ It isn't a nice day, is it?

_____

❷ *Bill* doesn't look tired, does he?

_____

1
1. It's a nice day, isn't it?
2. *Anna* was at the party, wasn't she?
3. You've been to *Japan*, haven't you?
4. You'll help me, won't you?
5. You haven't eaten yet, have you?
6. You aren't tired, are you?
7. The movie wasn't very good, was it?
8. I'm dozing off.
9. I'm praising you.
10. It's not what you think.

2
1. You are tired, aren't you?
2. You didn't go home last night, did you?
3. You are making me embarrassed, aren't you?

3
Ⓐ It's a nice day, ❶ isn't it?
Ⓑ Yes, it's beautiful.

Ⓐ You speak *Chinese*, ❷ don't you?
Ⓑ Yes, but not very well.

Ⓐ *Bill* looks tired, ❸ doesn't he?
Ⓑ Yes, he works very hard.

|해석| Ⓐ 날씨가 좋네요, 그렇지 않나요?
Ⓑ 네, 아름답군요.

Ⓐ 중국어 하시죠, 그렇지 않나요?
Ⓑ 네, 그런데 아주 잘하진 않아요.

Ⓐ 빌이 피곤해 보여요, 그렇지 않나요?
Ⓑ 네, 그는 아주 열심히 일해요.

4
1. Yes, it's a nice day.
2. Yes, he looks tired.

DAY 35 May I try them on?

그것들을 입어 봐도 될까요?

▶▶▶ May I ~? 로 정중하게 요청하기

Dialogue

 01 대화 연습하기

Ⓐ **May I help you?**

Ⓑ Oh, yes. I'm looking for a trench coat.

Ⓐ Here, we have two different colors. Beige and black.

Ⓑ They look nice. **May I try them on?**

Ⓐ **May I ask what size you are wearing?**

Ⓑ Large.

Ⓐ Here you are. Beige color suits you.

Ⓑ Good. I like this. I will take this.

Ⓐ 제가 도와드릴까요?

Ⓑ 아, 네. 트렌치코트를 찾고 있어요.

Ⓐ 여기에 두 가지 다른 색상이 있습니다. 베이지와 검정이요.

Ⓑ 보기 좋네요. 그것들을 입어 봐도 될까요?

Ⓐ 어떤 사이즈를 입으시는지 여쭤 봐도 될까요?

Ⓑ 라지 사이즈요.

Ⓐ 여기 있습니다. 베이지색이 고객님께 잘 어울리네요.

Ⓑ 좋아요. 이게 맘에 드네요. 이걸로 할게요.

words try on 입어 보다   suit ~에 어울리다   take 선택하다, 사다

More to Know

▶ Here you are. 여기 있습니다.

물건을 건네줄 때 사용하는 표현으로 Here you go. / Here it is. 도 같은 의미입니다.

▶ Beige color suits you. 베이지색이 당신에게 잘 어울리네요.

'(옷이나 색상이) 어울리다' 라는 뜻으로 동사 suit를 사용해요.

정중하게 요청하는 May I ~?

정중하게 물어보거나 허락을 구할 때는 〈May I + 동사원형〉으로 질문합니다. '제가 ~해도 될까요?' 라는 뜻입니다.

May I say something now? 지금 무언가 말씀드려도 될까요?
May I ask you a question? 질문 드려도 될까요?
May I leave now? 지금 가도 될까요?
May I call you later? 나중에 전화드려도 될까요?
May I join you to the party? 함께 파티에 가도 될까요?
May I go to the bathroom? 화장실에 다녀와도 될까요?

허물없는 사이에서 쓰기에는 조금 어색할 수도 있습니다. 일상적인 상황이라면 조동사 may 대신 could나 can을 사용하세요.

이중 모음의 발음

모음이 두 개 이상 모여 하나의 모음을 형성하는 것을 이중 모음이라고 합니다. w나 y 다음에 모음이 오면 [w]와 [j] 발음을 정확히 해 줍니다.

1. 'w + 모음'은 [우] 발음으로 정확하게 시작합니다.
   w로 시작하는 이중 모음은 구성 모음을 모두 발음해 줘야 하는데, 이때 w를 반드시 [우]라고 정확하게 발음해 줍니다.
   wife [우아잎]　　wood [우얻]　　water [우어러]　　wedding [우에링]

2. y 다음에 모음이 오면 y의 [이] 발음을 정확하게 합니다.
   yoga [이요가]　　yellow [이옐로]　　young [이영]　　yesterday [이예스터데이]

1 Expression Review

빈칸에 알맞은 말을 넣어 영어 표현을 완성하세요.

❶ _____ you a question? 질문 하나 해도 될까요?

❷ _____ go now? 지금 가도 될까요?

❸ _____ a glass of water? 물 한 잔 주시겠어요?

❹ _____ how old you are? 연세가 몇인지 여쭤 봐도 될까요?

❺ _____ to the bathroom? 화장실에 가도 될까요?

❻ _____ it first? 제가 먼저 해도 될까요?

❼ _____ your phone? 당신 전화를 사용해도 될까요?

❽ _____. 여기 있습니다.

❾ _____. 베이지색이 당신에게 잘 어울리네요.

❿ _____. 이걸로 할게요.

2 Speaking Quiz

대화문을 총정리하면서 한글 부분을 영어로 말해 보세요.

Ⓐ ❶ 제가 도와드릴까요?

Ⓑ Oh, yes. I'm looking for a trench coat.

Ⓐ Here, we have two different colors. Beige and black.

Ⓑ They look nice. ❷ 그것들을 입어 봐도 될까요?

Ⓐ ❸ 어떤 사이즈를 입으시는지 여쭤 봐도 될까요?

Ⓑ Large.

Ⓐ Here you are. Beige color suits you.

Ⓑ Good. I like this. I will take this.

3 Listening Challenge 🎧03
대화를 듣고 빈칸을 채워 보세요.

Ⓐ ❶ _____ your pen?

Ⓑ Certainly. Here it is.

Ⓐ Thank you.

Ⓐ ❷ _____ a glass of water?

Ⓑ Sure. Wait for a moment.

Ⓐ ❸ _____ a cup of coffee?

Ⓑ Sure. Do you want it with sugar and milk?

Ⓐ Just some milk, please.

4 Comprehension Skill
주어진 상황에 대해 May I ~?를 넣어 정중하게 요청해 보세요.

❶ You are at someone's home. You want to use the phone.

_____

❷ You are at someone's home. You want a glass of water.

_____

1
 ❶ May I ask you a question?
 ❷ May I go now?
 ❸ May I have a glass of water?
 ❹ May I ask how old you are?
 ❺ May I go to the bathroom?
 ❻ May I do it first?
 ❼ May I use your phone?
 ❽ Here you are.
 ❾ Beige color suits you.
 ❿ I will take this.

2
 ❶ May I help you?
 ❷ May I try them on?
 ❸ May I ask what size you are wearing?

3
 Ⓐ ❶ May I borrow your pen?
 Ⓑ Certainly. Here it is.
 Ⓐ Thank you.

 Ⓐ ❷ May I have a glass of water?
 Ⓑ Sure. Wait for a moment.

 Ⓐ ❸ May I have a cup of coffee?
 Ⓑ Sure. Do you want it with sugar and milk?
 Ⓐ Just some milk, please.

 |해석| Ⓐ 당신의 펜을 빌려도 될까요?
  Ⓑ 그럼요. 여기 있어요.
  Ⓐ 감사합니다.

  Ⓐ 물 한 잔 주시겠어요?
  Ⓑ 그러죠. 잠시만 기다리세요.

  Ⓐ 커피 한 잔 주시겠어요?
  Ⓑ 그러죠. 설탕과 우유를 넣어 드릴까요?
  Ⓐ 우유만 넣어 주세요.

4
 ❶ May I use the phone?
 ❷ May I have a glass of water?

8th Week

DAY 36

Have some coffee.

커피 좀 드세요.

▶▶▶ 동사원형으로 지시하기

Dialogue 대화 연습하기

Ⓐ Welcome to *ABC*. How may I help you?

Ⓑ I'm here to see Mr. *Jongsoo Lee*. **Please check my appointment.** He's expecting me.

Ⓐ OK. **Have a seat.**

Ⓑ Thanks.

Ⓐ **Have some coffee. Help yourself to some cookies on the table.**

Ⓑ Thanks for the treat.

Ⓐ ABC 사에 오신 걸 환영합니다. 어떻게 도와드릴까요?

Ⓑ 이종수 씨를 만나러 왔습니다. 제 약속을 확인해 주세요. 그분이 저와 만나기로 되어 있습니다.

Ⓐ 알겠습니다. 앉으세요.

Ⓑ 감사합니다.

Ⓐ 커피 좀 드세요. 테이블 위의 과자도 마음껏 드세요.

Ⓑ 잘 먹겠습니다.

---

words appointment 약속   have a seat 자리에 앉다   help yourself to 마음대로 먹다

More to Know

▶ How may I help you? 어떻게 도와드릴까요?

May I help you?보다 더 정중하고 적극적인 표현입니다.

▶ He is expecting me. 그분이 저와 만나기로 되어 있습니다.

expect는 '기대하다, 예상하다'라는 뜻 이외에 '기다리다'라는 의미가 있습니다.

▶ Thanks for the treat. 잘 먹겠습니다.

treat은 '접대, 대접, 제공하는 음식'을 의미합니다.

명령문

1. 명령문은 명령, 지시, 충고, 요청, 당부 등에 사용하는 문장입니다. 대개 주어를 생략한 동사원형으로 문장을 시작합니다.

Sit down. 앉으세요.
Be careful. 조심해요.
Open your books to page 15. 여러분의 책 15쪽을 펴세요.
Be kind to old people. 노인들에게 친절하게 대하세요.
Stop crying. 그만 울어요.
Take your time. 천천히 하세요.

2. 좀 더 부드럽고 친절한 투로 말하려면 명령문의 앞이나 뒤에 please를 붙여 주세요.

Please close the door. 문을 닫아 주세요.

3. '~하지 말아라' 라는 금지의 명령문은 〈Don't + 동사원형〉을 사용합니다. Don't 대신에 Never를 사용하기도 해요.

Don't tell a lie. 거짓말하지 말아요.
Don't waste your time. 시간 낭비하지 말아요.
Don't worry. 걱정하지 말아요.
Don't open the window. 창문을 열지 말아요.
Don't be late. 늦지 말아요.
Never mind. 신경 쓰지 말아요.

Show me the money!

Show me the money.는 말 그대로 '돈을 보여 줘.' 라는 의미보다는 '큰돈을 벌게 해 줘.' 또는 '너의 능력을 내게 보여 줘.' 라는 뜻으로 흔히 사용됩니다. 이 말은 '제리 맥과이어(Jerry Maguire)' 라는 영화의 대사로 유명하지요. 경우에 따라 '일단 당신의 돈을 보고 나서 얘기합시다.' 라는 뜻으로 말하고 이해하는 경우도 있답니다.

1 Expression Review

빈칸에 알맞은 말을 넣어 영어 표현을 완성하세요.

① _____ for a second. 잠깐 기다려요.

② Please _____ yourself. 마음껏 드세요.

③ Please _____ your time. 천천히 하세요.

④ _____ a good time. 좋은 시간 보내요.

⑤ Please _____. 창문을 열어 주세요.

⑥ Please _____ for me. 이것 좀 해 줘요.

⑦ Please _____ the computer. 컴퓨터를 꺼 주세요.

⑧ Please _____. 앉으시죠.

⑨ _____. 그분이 저와 만나기로 되어 있습니다.

⑩ _____. 잘 먹겠습니다.

2 Speaking Quiz

대화문을 총정리하면서 한글 부분을 영어로 말해 보세요.

Ⓐ Welcome to *ABC*. How may I help you?

Ⓑ I'm here to see Mr. *Jongsoo Lee*. **①** 제 약속을 확인해 주세요. He's

expecting me.

Ⓐ OK. **②** 앉으세요.

Ⓑ Thanks.

Ⓐ ❸ 커피 좀 드세요. 테이블 위의 과자도 마음껏 드세요.

Ⓑ Thanks for the treat.

3 Listening Challenge 🎧02

지문을 듣고 빈칸을 채워 보세요.

My boss is really annoying. He always says the following:

"❶ _____! Start working at 9 a.m. sharp! Everyone

should attend the meeting. Put your files on the shelf. ❷

_____. ❸ _____. And ❹ _____

_____!"

4 Comprehension Skill

주어진 상황에 적절하게 답해 보세요.

❶ What would you say to a bus that is about to leave?

_____

❷ What would you say when you serve food to your guests?

_____

❸ What would you say to a friend who's always late?

_____

1
- ❶ Wait for a second.
- ❷ Please help yourself.
- ❸ Please take your time.
- ❹ Have a good time.
- ❺ Please open the window.
- ❻ Please do this for me.
- ❼ Please turn off the computer.
- ❽ Please have a seat.
- ❾ He is expecting me.
- ❿ Thanks for the treat.

2
- ❶ Please check my appointment.
- ❷ Have a seat.
- ❸ Have some coffee. Help yourself to some cookies on the table.

3
My boss is really annoying. He always says the following:
"❶ Be on time! Start working at 9 a.m. sharp! Everyone should attend the meeting. Put your files on the shelf. ❷ Meet the deadline. ❸ Never complain. And ❹ respect your boss!"

|해석| 우리 상사는 정말 짜증납니다. 항상 다음과 같이 말합니다.

"정시에 와요! 9시 정각에 일을 시작해요! 모두가 회의에 참석해야 해요. 파일을 선반 위에 두세요. 마감일을 지키세요. 절대 불평하지 마세요. 그리고 상사를 존중하세요!"

4
- ❶ Stop!
- ❷ Help yourself.
- ❸ Be on time!/Never be late!

DAY 37 You'd better think it over.

곰곰이 생각해 보시는 게 낫겠네요.

▶▶▶ *had better*로 권고하기

Dialogue

 대화 연습하기

Ⓐ Mr. *Choi* will be here soon.

Ⓑ So what?

Ⓐ **You'd better clean your office before he gets here**.

Ⓑ **I'd better do that now.** Why is he here?

Ⓐ He wants me to relocate. What should I do?

Ⓑ **You'd better do what he wants.**

Ⓐ I hate to move.

Ⓑ Yeah, that's a big move. **You'd better think it over.**

Ⓐ 최 사장님이 곧 오실 겁니다.

Ⓑ 그래서요?

Ⓐ 그분이 오시기 전에 사무실을 청소하는 게 낫겠어요.

Ⓑ 지금 그렇게 하는 게 낫겠군요. 그분이 왜 오시는 거죠?

Ⓐ 그분은 내가 전근 가기를 원하세요. 내가 어떻게
   해야 할까요?

Ⓑ 그분이 원하시는 대로 하시는 게 낫겠네요.

Ⓐ 나는 옮겨 가는 게 정말 싫어요.

Ⓑ 네, 그긴 만만찮은 일이죠. 곰곰이 생각해 보시는 게 낫겠네요.

words relocate 이동하다, 전근하다   think over 곰곰이 생각하다, 숙고하다

More to Know

▶ So what? 그래서요?/어쩌라고요?
  조금 건방지게 들릴 수도 있으니 너무 자주 사용하지 않도록 하세요.

▶ What should I do? 내가 어떻게 해야 할까요?
  고민을 상담하거나 걱정거리를 나눌 때 사용하세요

▶ That's a big move. 그건 만만찮은 일이죠.
  어려운 일이라며 맞장구쳐 주는 표현으로 적절하지요.

had better

의무, 강한 권고의 표현인 must, have to, should 등의 표현과 달리 〈had better+동사원형〉은 '~하는 편이 낫다' 라는 의미로 가볍게 권유하는 표현입니다.

had better는 줄여서 'd better라고 쓸 수도 있고 회화에서는 그냥 better만 쓰기도 합니다.

주어	had better	동사원형
I / You / He / She / They	'd better	be careful.
		leave now.
		take a break.
		head home.
		take it easy.

동화 현상

같거나 비슷한 자음이 반복될 때는 하나만 발음하게 됩니다.

1. 같은 자음 두 개가 연속해 나오면 하나만 발음합니다. 발음이 중복되는 경우 자음 두 개 중 앞의 자음은 발음하지 않고 뒤의 자음만 발음하면 됩니다. 철자상 같은 자음뿐만 아니라 발음상 같은 자음도 하나만 발음하게 됩니다.

part time [파~ 타임]　　side dish [싸이 디쉬]　　cold drink [코울 쥬링]

wet towel [웨 타올]　　orange juice [아뤈 주스]　　face shop [f훼이 샵]

2. 비슷한 자음 두 개가 나란히 와도 하나만 발음합니다. 앞의 자음은 생략하고 뒤의 자음만 발음하면 됩니다.

should talk [슈 터억]　　blood pressure [블러 프레슈어]　　had to [해 투]

front desk [후런 데슥]

1 Expression Review

빈칸에 알맞은 말을 넣어 영어 표현을 완성하세요.

❶ _____ take it easy.   그는 진정하는 게 낫겠어요.

❷ _____ leave now.   당신은 지금 가시는 게 낫겠어요.

❸ _____ careful.   저는 조심하는 게 낫겠어요.

❹ _____ get some sleep.   우리는 잠을 좀 자는 게 낫겠어요.

❺ _____ make a reservation.   우리는 예약을 하는 게 낫겠다.

❻ _____ think it over.   그들은 심사숙고하는 게 낫겠어요.

❼ _____ change your clothes.   당신은 옷을 갈아 입는 게 낫겠어요.

❽ _____ ?   그래서요?

❾ _____ ?   내가 어떻게 해야 할까요?

❿ _____ .   그건 만만찮은 일이죠.

2 Speaking Quiz

대화문을 총정리하면서 한글 부분을 영어로 말해 보세요.

Ⓐ Mr. *Choi* will be here soon.

Ⓑ So what?

Ⓐ ❶ 그분이 오시기 전에 사무실을 청소하는 게 낫겠어요.

Ⓑ ❷ 지금 그렇게 하는 게 낫겠군요. Why is he here?

Ⓐ He wants me to relocate. What should I do?

Ⓑ ❸ 그분이 원하시는 대로 하시는 게 낫겠네요.

Ⓐ I hate to move.

Ⓑ Yeah, that's a big move. ❹ 곰곰이 생각해 보시는 게 낫겠네요.

3 Listening Challenge

지문을 듣고 빈칸을 채워 보세요.

❶ _____ motivate our workers. ❷ _____ enjoy their

work. ❸ _____ be a good leader. Our CEO ❹ _____

provide a new vision. ❺ _____ be a market leader soon.

4 Comprehension Skill

3번 지문 내용에 관한 질문에 답해 보세요.

❶ What should workers do?

_____

❷ What is the company's goal?

_____

Answer Key

1
1. He'd better take it easy.
2. You'd better leave now.
3. I'd better be careful.
4. We'd better get some sleep.
5. We'd better make a reservation.
6. They'd better think it over.
7. You'd better change your clothes.
8. So what?
9. What should I do?
10. That's a big move.

2
1. You'd better clean your office before he gets here.
2. I'd better do that now.
3. You'd better do what he wants.
4. You'd better think it over.

3
1. I'd better motivate our workers. 2. They'd better enjoy their work. 3. I'd better be a good leader. Our CEO 4. had better provide a new vision. 5. We'd better be a market leader soon.

|해석| 나는 우리 직원들의 의욕을 북돋워 주어야 한다. 직원들은 자기 일을 즐겨야 한다. 나는 좋은 리더가 되어야 한다. 우리 CEO는 새로운 비전을 제시해야 한다. 우리는 머지않아 시장의 리더가 되어야 한다.

4
1. They'd better enjoy their work.
2. They'd better be a market leader soon.

DAY 38

You must be punctual.
시간을 철저히 지켜야만 해요.
▶▶▶ 조동사 must로 강력하게 명령하기

Dialogue 대화 연습하기

Ⓐ Why are you late?

Ⓑ My apologies.

Ⓐ Mr. *Kim*, **you must be punctual.**

Ⓑ Yes. By all means.

Ⓐ You are a manager. **People must learn from you.**

Ⓑ I won't disappoint you again.

Ⓐ **You must be a good example to others.**

Ⓑ Yes, ma'am.

Ⓐ 왜 늦었어요?

Ⓑ 죄송합니다.

Ⓐ 김 과장, 시간을 철저히 지켜야만 해요.

Ⓑ 네. 그럼요.

Ⓐ 당신은 과장입니다. 사람들이 당신한테 배워야만 합니다.

Ⓑ 다시는 실망시켜 드리지 않겠습니다.

Ⓐ 당신은 다른 사람들에게 모범이 되어야만 합니다.

Ⓑ 네, 이사님.

words ▶ apology 사과, 변명　　punctual 시간을 엄수하는, 약속을 잘 지키는　　disappoint 실망시키다

More to Know ▶

▶ My apologies. 죄송합니다.
　 I'm sorry.보다 더 진지하게 잘못을 인정하고 정식으로 사과하는 느낌의 표현입니다.

▶ By all means. 그럼요.
　 상대방의 말에 적극적으로 동의할 때 사용하는 표현입니다.

▶ I won't disappoint you again. 다시는 실망시켜 드리지 않겠습니다.
　 상대방에게 실망시키지 않겠다고 다짐할 때 사용하세요.

조동사 must

조동사 must는 굉장히 강경한 뉘앙스로 '～해야만 한다'는 의무감을 표현합니다. 회화체에서는 must보다는 have to를 많이 사용하지만 강한 의무감은 must로 표현하는 것이 좋습니다. 하지만 회화체에서는 윗사람이 권한을 갖고 아랫사람에게 명령하는 경우에 주로 사용됩니다. 따라서 회화체에서 남발하면 굉장히 권위적으로 들릴 수 있기 때문에 조심해야 합니다.

must는 '반드시 해야 한다'는 의무를 나타냅니다.

Workers must wear safety glasses at this machine.

직원들은 이 기계를 사용할 때 보호 안경을 착용해야만 한다.

You must be 18 to vote.

투표하려면 18세가 되어야만 한다.

'～하지 말아야 한다'고 할 때는 〈must not＋동사원형〉으로 표현합니다.

You must not be late for school again!

다시는 학교에 지각하지 말아야 한다!

Language Tip

 발음 익히기

자음 탈락 현상

1. 자음이 3개 이상 겹쳐질 때 중간의 자음은 발음하지 않습니다. 모음 없이 연속해서 자음만을 발음하기가 힘들기 때문이죠. 단어와 단어가 연결된 경우에도 적용됩니다.

   empty [앰 띠] endless [앤(을)리스] iced tea [아이스 티이] hand bag [핸～ 백～]
   sandwich [쌘 위취] asked [애～스트] gifts [기잎스] brand power [브랜파워～]

2. 단어 끝에 위치한 자음 t, d, p, k, f, v, b, g, c, ck 등은 발음되지 않거나 앞의 모음의 받침으로 들어가 발음됩니다.

   apartment [어파～엇믄] largest [(을)라～쥐스] wild [우아이얼]
   management [매니쥐먼] soup [수우웁] last [래～ㅅ] saint [쌔인트]

Exercise 연습문제

1 Expression Review

빈칸에 알맞은 말을 넣어 영어 표현을 완성하세요.

❶ _____ come on time. 당신은 정시에 와야만 합니다.

❷ _____ wear a helmet. 직원들은 헬멧을 착용해야 합니다.

❸ _____ 18 to vote. 투표하려면 18세가 되어야만 합니다.

❹ _____ smoke here. 그들은 여기서 흡연할 수 없습니다.

❺ _____ go to New York by next week.

그녀는 다음 주까지 뉴욕에 가야만 합니다.

❻ _____ work harder. 우리는 더 열심히 일해야만 합니다.

❼ _____ go now. 저는 지금 가야만 합니다.

❽ _____ . 죄송합니다.

❾ _____ . 그럼요.

❿ _____ . 다시는 실망시켜 드리지 않겠습니다.

2 Speaking Quiz

대화문을 총정리하면서 한글 부분을 영어로 말해 보세요.

Ⓐ Why are you late?

Ⓑ My apologies.

Ⓐ Mr. *Kim*, ❶ 시간을 철저히 지켜야만 해요.

Ⓑ Yes. By all means.

Ⓐ You are a manager. ❷ 사람들이 당신한테 배워야만 합니다.

Ⓑ I won't disappoint you again.

ⓐ ❸ 당신은 다른 사람들에게 모범이 되어야만 합니다.

ⓑ Yes, ma'am.

3 Listening Challenge 🎧03▸
지문을 듣고 빈칸을 채워 보세요.

For this job, ❶ _____ over 30 years old. ❷ _____

at least five years of related work experience. ❸ _____

fluent in *English*. Applicants must submit their résumé and

certificates.

4 Comprehension Skill
❸번 지문 내용에 관한 질문에 답해 보세요.

❶ What language should applicants speak?

_____

❷ What is the age limit?

_____

1
❶ You must come on time.
❷ Workers must wear a helmet.
❸ You must be 18 to vote.
❹ They must not smoke here.
❺ She must go to New York by next week.
❻ We must work harder.
❼ I must go now.
❽ My apologies.
❾ By all means.
❿ I won't disappoint you again.

2
❶ you must be punctual.
❷ People must learn from you.
❸ You must be a good example to others.

3
For this job, ❶ you must be over 30 years old. ❷ You must have at least five years of related work experience. ❸ You must be fluent in *English*. Applicants must submit their résumé and certificates.

|해석| 이 직책에 지원하시려면 30세 이상이어야만 합니다. 최소 5년의 관련 업무 경험이 있어야만 합니다. 영어에 능통해야만 합니다. 지원자들은 이력서와 자격증을 제출해야만 합니다.

4
❶ They must be fluent in *English*.
❷ They must be over 30 years old.

You should be relaxed.
긴장을 풀어야 해요.

▶▶▶ 조동사 should로 부드럽게 권고하기

Dialogue 대화 연습하기

Ⓐ I need your advice. What should I do to be a good speaker?

Ⓑ **You should be relaxed first.**

Ⓐ That's not a problem.

Ⓑ **You should have a sense of humor.**

Ⓐ I'm not good at it.

Ⓑ **You should think about your audience.**

Ⓐ What do you mean?

Ⓑ **You should know what they like and dislike.**

Ⓐ 당신의 조언이 필요해요. 훌륭한 강연자가 되려면
어떻게 해야 할까요?

Ⓑ 먼저 긴장을 풀어야 해요.

Ⓐ 그건 문제 없어요.

Ⓑ 유머 감각이 있어야 해요.

Ⓐ 내가 그건 잘 못해요.

Ⓑ 청중에 관해 생각해야 해요.

Ⓐ 무슨 뜻이죠?

Ⓑ 그들이 좋아하는 것과 싫어하는 것이 무엇인지 알아야 해요.

---

words relaxed 긴장을 푼   sense of humor 유머 감각   audience 청중   dislike 싫어하다

More to Know

▶ That's not a problem. 그건 문제 없어요.
상대가 미안하다고 사과한 경우에 '괜찮아요.' 라는 의미로도 사용합니다.

▶ What do you mean? 무슨 뜻이죠?
상대방의 말뜻을 정확히 알 수 없을 때 말해 보세요.

조동사 should

should는 미래를 나타내는 조동사인 shall의 과거형입니다. 현대 영어에서는 shall보다 should를 더 많이 사용하는 경향이 있습니다. must보다 조금 약하게 '～해야 해/～하는 것이 좋겠어' 라는 의미로 사용합니다. 같은 의미로 ought to가 쓰이기도 해요.

should 뒤에는 동사원형이 옵니다.

주어	조동사	동사원형
I/ We/ You/ They/ He/ She/ It	should shouldn't	do. stop. go. watch.

should는 think와 함께 사용되는 경우가 많습니다.

I think I should go home now. 이제 집에 가야겠다.

I don't think we should do that. 우리가 그렇게 할 필요는 없다고 생각해요.

[l] 발음의 부활

모음 다음에 오는 [l] 발음은 약화되어 거의 들리지 않는 경우가 많지만 [l] 다음에 다른 모음이나 d나 t가 올 경우에 [l]이 되살아나 정확하게 발음됩니다.

[l] 발음 생략	[l] 발음 부활
kill [키어~]	kill it [킬맅]
call [커어~]	call him [컬림]
sell [쌔어~]	sell us [쌜러쓰]
wild [와이어~]	wilder [와일더]
special [스뻬셔~]	special dog [스뻬셜 독]
sold [쏘우~]	sold it [쏘울딛]

1 Expression Review

빈칸에 알맞은 말을 넣어 영어 표현을 완성하세요.

❶ _____ go now. 이제 가야겠네요.

❷ _____ come on time. 그들은 정시에 와야 해요.

❸ _____ listen to my advice. 그는 내 충고를 들어야 해요.

❹ _____ drive so fast. 너무 빨리 운전하면 안 돼요.

❺ _____ feel that way. 나는 그렇게 생각하면 안 된다.

❻ _____ go out with him. 당신은 그와 데이트해야 해요.

❼ _____ spend so much money.

우리는 돈을 그렇게 많이 쓰면 안 돼요.

❽ _____. 그건 문제 없어요.

❾ _____? 무슨 뜻이죠?

❿ _____. 내가 그건 잘 못해요.

2 Speaking Quiz

대화문을 총정리하면서 한글 부분을 영어로 말해 보세요.

Ⓐ I need your advice. What should I do to be a good speaker?

Ⓑ ❶ 먼저 긴장을 풀어야 해요.

Ⓐ That's not a problem.

Ⓑ ❷ 유머 감각이 있어야 해요.

Ⓐ I'm not good at it.

Ⓑ ❸ 청중에 관해 생각해야 해요.

Ⓐ What do you mean?

Ⓑ ❹ 그들이 좋아하는 것과 싫어하는 것이 무엇인지 알아야 해요.

3 Listening Challenge 🎧03
지문을 듣고 빈칸을 채워 보세요.

In order to be a good boss, ❶ _____ be honest.

Employees ❷ _____ comfortable talking to you.

❸ _____ motivate them. You should give them good

advice. ❹ _____ like a boss. ❺ _____

a good role model.

4 Comprehension Skill
❸번 지문 내용에 관한 질문에 답해 보세요.

❶ List four things that a good boss should do.

_____

❷ What shouldn't a good boss do?

_____

1
1. I should go now.
2. They should come on time.
3. He should listen to my advice.
4. You shouldn't drive so fast.
5. I shouldn't feel that way.
6. You should go out with him.
7. We shouldn't spend so much money.
8. That's not a problem.
9. What do you mean?
10. I'm not good at it.

2
1. You should be relaxed first.
2. You should have a sense of humor.
3. You should think about your audience.
4. You should know what they like and dislike.

3
In order to be a good boss, ❶ you should be honest. Employees ❷ should feel comfortable talking to you. ❸ You should motivate them. You should give them good advice. ❹ You shouldn't act like a boss. ❺ You should be a good role model.

|해석| 좋은 상사가 되기 위해 당신은 정직해야 한다. 직원들이 당신과 이야기하는 것을 편하게 생각해야 한다. 당신은 그들의 의욕을 북돋워 주어야 한다. 당신은 그들에게 좋은 조언을 해 주어야 한다. 당신은 상사처럼 행동해서는 안 된다. 당신은 좋은 역할 모델이 되어야 한다.

4
1. A good boss should be honest.
   A good boss should motive employees.
   A good boss should give them good advice.
   A good boss should be a good role model.
2. He or she shouldn't act like a boss.

If it snows, I will go skiing.

눈이 오면 스키 타러 갈 거예요.

▶▶▶ 접속사 if로 미래를 가정하기

Dialogue

 대화 연습하기

Ⓐ It's snowing!

Ⓑ Oh, no! **If it snows tomorrow, I will take the bus to work.**

Ⓐ **If it snows this weekend, I will go skiing.**

Ⓑ That's awesome!

Ⓐ **If I don't finish this today, I won't be able to go.**

Ⓑ **If you don't, you will come to work this weekend.** Is that right?

Ⓐ You got it.

Ⓑ OK, let's get back to work!

Ⓐ 눈이 와요!

Ⓑ 아, 이런! 내일 눈이 오면 버스 타고 출근할 거예요.

Ⓐ 이번 주말에 눈이 오면 스키 타러 갈 거예요.

Ⓑ 그것 참 멋지겠네요!

Ⓐ 이걸 오늘 끝내지 못하면 못 갈 거예요.

Ⓑ 끝내지 못하면 주말에 일하러 올 거죠. 그렇죠?

Ⓐ 맞아요.

Ⓑ 자, 다시 일합시다!

---

words go skiing 스키 타러 가다   awesome 훌륭한, 대단한

More to Know

▶ That's awesome! 그것 참 멋지겠네요!
무엇인가를 칭찬하거나 대단히 좋다고 할 때 형용사 awesome을 자주 사용합니다.

▶ You got it. 맞아요.
You understood it.이라는 뜻으로 자신이 한 말을 상대가 맞게 이해했다는 말입니다.

▶ Let's get back to work. 다시 일하러 갑시다.
휴식을 끝내고 다시 업무에 복귀하자고 할 때 사용하는 표현입니다.

가정·조건의 접속사 if

If절은 '만일 ~라면'이라는 의미로 문장의 처음 또는 중간에 쓸 수 있습니다.

If we take the bus, it will be cheaper.
It will be cheaper if we take the bus.
버스를 타면 비용이 더 쌀 것이다.

If절에는 will를 사용하지 않고 현재 시제를 사용합니다.

If you're hungry, have something to eat.
배가 고프면 뭘 좀 먹어요.

If someone comes, I will answer the door.
누가 오면 제가 문을 열어 줄게요.

If you don't hurry, you'll miss the train.
서두르지 않으면 기차를 놓칠 거예요.

영어 이름 연구

서양 이름은 헷갈린다고요? 영어권 사람들은 이름이 셋이나 되는 경우도 있습니다.

First name, middle name, 그리고 last name이 있지요. Given name은 성(last name)을 제외한 나머지 이름을 말합니다. 예를 들어 James Allen Jackson이라는 이름에서 James는 first name, Allen은 middle name, Jackson은 last name이 되지요. 여성의 경우 결혼 전 성(last name)을 middle name으로 사용하는 경우도 많습니다. 예명이나 세례명(Christian name) 또는 직계 가족 중에서 존경하는 사람의 이름을 middle name으로 사용하는 경우도 있지요.

Hillary Rodham Clinton의 경우 Rodham은 Hillary의 결혼 전 성이었죠. 결혼하면 대개 남편의 성을 따르는 여성의 경우 결혼 전의 원래 성을 maiden name이라고도 합니다.

1 Expression Review
빈칸에 알맞은 말을 넣어 영어 표현을 완성하세요.

1 _____, don't wait for me. 내가 늦으면 기다리지 마세요.

2 _____, I will call you.

내일 당신을 보지 못하면 전화할게요.

3 _____ a fire, the alarm will go off. 불이 나면 경보기가 울릴 거예요.

4 _____, I will stay home. 내일 눈이 오면 집에 있을 거예요.

5 _____ give me a discount, I will buy them all.

할인해 주시면 다 살게요.

6 _____, you will be late. 서두르지 않으면 늦을 거예요.

7 _____, I will take it. 전화가 오면 제가 받을게요.

8 _____! 그것 참 멋지겠네요!

9 _____. 맞아요.

10 _____! 다시 일합시다!

2 Speaking Quiz
대화문을 총정리하면서 한글 부분을 영어로 말해 보세요.

A It's snowing!

B Oh, no! **1** 내일 눈이 오면 버스 타고 출근할 거예요.

A **2** 이번 주말에 눈이 오면 스키 타러 갈 거예요.

Ⓑ That's awesome!

Ⓐ ❸ 이걸 오늘 끝내지 못하면 못 갈 거예요.

Ⓑ ❹ 끝내지 못하면 주말에 일하러 올 거죠. Is that right?

Ⓐ You got it.

Ⓑ OK, let's get back to work!

Listening Challenge 🎧02

지문을 듣고 빈칸을 채워 보세요.

Jim and *Tina* are waiting for the bus. ❶ _____ , they

will be late for the meeting. ❷ _____ the bus, ❸ _____

be cheaper, but it takes longer. ❹ _____ take a taxi, ❺

_____ there faster. But ❻ _____ , it will

take more time.

Comprehension Skill

❸번 지문 내용에 관한 질문에 답해 보세요.

❶ What will happen if they don't hurry?

_____

❷ What is good about taking a taxi?

_____

Answer Key

1
1. **If I am late**, don't wait for me.
2. **If I don't see you tomorrow**, I will call you.
3. **If there is** a fire, the alarm will go off.
4. **If it snows tomorrow**, I will stay home.
5. **If you** give me a discount, I will buy them all.
6. **If you don't hurry**, you will be late.
7. **If the phone rings**, I will take it.
8. That's awesome!
9. You got it.
10. Let's get back to work!

2
1. If it snows tomorrow, I will take the bus to work.
2. If it snows this weekend, I will go skiing.
3. If I don't finish this today, I won't be able to go.
4. If you don't, you will come to work this weekend.

3
Jim and *Tina* are waiting for the bus. ❶ **If they don't hurry**, they will be late for the meeting. ❷ **If they take** the bus, ❸ **it will** be cheaper, but it takes longer. ❹ **If they** take a taxi, ❺ **they will get** there faster. But ❻ **if the traffic is bad**, it will take more time.

|해석| 짐과 티나는 버스를 기다리고 있어요. 그들은 서두르지 않으면 회의에 늦을 겁니다. 버스를 타면 비용은 더 싸겠지만 시간은 더 걸려요. 그들이 택시를 타면 그곳에 더 빨리 도착할 겁니다. 그런데 교통 상황이 나쁘면 시간이 더 오래 걸릴 겁니다.

4
1. If they don't hurry, they will be late for the meeting.
2. If they take a taxi, they will get there faster.